98

Bruno Blasselle est conservateur général et directeur de la bibliothèque de l'Arsenal. Il est l'auteur de *Chemins de rencontre, l'Europe avant la lettre* (BnF, 1993), du « Que sais je ? » sur la *Bibliothèque nationale* (1989), et, dans la collection Découvertes des deux volumes de *L'Histoire du livre* : *À pleines pages* (vol. 1, 1997, rééd. 2005), *Le Triomphe de l'édition* (vol. 2, 1998, rééd. 2004).

Jacqueline Melet-Sanson, archiviste paléographe, a pris en 1994, la tête de la direction de l'Imprimé et de l'Audiovisuel, soit toutes les collections appelées à déménager sur le nouveau site de Tolbiac, après avoir dirigé le Service photographique et le département des Livres imprimés. Depuis 1998, elle dirige l'ensemble des collections réparties sur cinq sites (imprimé, audiovisuel, collections spécialisées). Elle est également directeur général-adjoint de la BnF.

La publication de cet ouvrage a été rendue possible

# LA BIBLIOTHÈQUE NATIONALE DE FRANCE
## MÉMOIRE DE L'AVENIR

Bruno Blasselle et Jacqueline Melet-Sanson

DÉCOUVERTES GALLIMARD
HISTOIRE

Les origines de l'une des plus anciennes institutions culturelles françaises demeurent un peu mystérieuses. A partir de Charles V, les rois de France ont eu à cœur de réunir une collection de livres dans leur «librairie» particulière. Mais ils n'ont manifesté que tardivement le souci d'en assurer la pérennité en la transmettant à leurs successeurs.

## CHAPITRE PREMIER
## BIBLIOTHÈQUE DES ROIS, BIBLIOTHÈQUE DES SAVANTS

Christine de Pisan louait la sagesse de Charles V (à gauche) et l'amour qu'il avait pour l'étude et la science, comme le prouvait sa «belle assemblée de notables livres et belle librairie qu'il avoit de tous les notables volumes…». Installée dans la tour nord-ouest du Louvre (ci-contre), la bibliothèque était aménagée de bancs et de roues à livres.

Charlemagne, déjà, crée une bibliothèque dans son palais d'Aix-la-Chapelle. Louis le Pieux, Charles le Chauve à leur tour confient à d'habiles enlumineurs la décoration des textes les plus précieux. Il en subsiste de nombreux exemples, dont certains sont revenus à la Bibliothèque nationale. Cependant ces collections, comme celles réunies plus tard par les premiers rois de France, Saint Louis notamment, ont un caractère éphémère, et sont irrémédiablement dispersées à leur mort.

Charles V (1364-1380), fils du bibliophile Jean le Bon et frère du duc Jean de Berry pour lequel furent exécutées les *Très Riches Heures*, reconstitue une brillante collection : il commande des traductions à des savants illustres tels Raoul de Presles ou Nicole Oresme et veille lui-même à la décoration et à l'enluminure de ses ouvrages. Il installe en 1368 sa librairie dans une tour du château du Louvre, dite de la Fauconnerie, spécialement aménagée : les murs

« L e roy a donné cent livres à M. Nicole Oresme, lequel lui a translaté du latin en français les *Éthiques* [ci-dessus] et les *Politiques* », précise un mandement de Charles V. Célèbre pour ses connaissances philosophiques et mathématiques, Oresme fut chargé de l'éducation du futur Charles V. Il lui resta très lié, le conseillant dans les domaines les plus variés, et traduisant plusieurs ouvrages d'Aristote, qui prirent place dans la librairie du Roi.

sont lambrissés de bois de Hollande (le chêne) et la voûte garnie de bois de cyprès. Les fenêtres sont tendues d'un treillis de fil d'archal « pour deffense des oyseaux et autres bestes ». Il en remet la garde à Gilles Malet, son homme de confiance, qui en dresse l'inventaire, ce qui nous apprend qu'elle compte neuf cent dix-sept volumes en 1380.

Transmise à Charles VI (1380-1422), elle est ensuite rachetée par le duc de Bedford puis transportée en Angleterre (1429), où elle est dispersée. Tout est à recommencer.

### Les débuts d'une collection

C'est à partir de Louis XI, roi de 1461 à 1483, que la continuité de la bibliothèque sera assurée. L'unité de la collection, transmise à son fils Charles VIII, ne sera plus jamais brisée. Sans doute est-ce à ce souverain que l'on peut symboliquement attribuer la paternité de la Bibliothèque nationale de France.

Pendant longtemps, cette bibliothèque, si l'on en croit les premiers inventaires, n'a occupé qu'une place modeste, plus petite que beaucoup de ses sœurs françaises et surtout italiennes. Mais elle est, à partir du règne de François I<sup>er</sup>, l'objet de l'attention croissante de rois qui se veulent les plus puissants d'Europe. Ceux-ci vont adopter une politique systématique de collecte de documents, qui fera désormais de cet établissement un objet de prestige dans tout le monde savant.

### Le livre manuscrit était là le premier

Le livre médiéval est un livre copié à la main, sur parchemin, jusqu'au XIV<sup>e</sup> siècle, donc rare, précieux. Sa fabrication représentait plusieurs centaines d'heures de travail. Sa décoration était confiée à des artistes. On trouve, entre autres ouvrages précieux, dans la bibliothèque de Louis XI, un exemplaire du *Décaméron* de Boccace, copié et illustré à Florence vers 1370, des éditions, parfois

En fondant l'ordre de Saint-Michel en 1469, Louis XI place le royaume sous une nouvelle protection. Jean Fouquet représente (ci-dessus, dans les *Statuts de l'Ordre*) le premier chapitre de l'ordre.

Les *Grandes Chroniques de France* retracent l'histoire des rois de France. Cet exemplaire, appartenant à Charles V, est orné de 175 peintures.

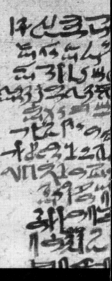

## Le département des Manuscrits

Ce département conserve des documents d'une grande variété, provenant de toutes les parties du monde : à gauche, un manuscrit persan du XIIᵉ siècle; ci-dessus, le papyrus égyptien Prisse (du nom de son inventeur, l'explorateur Prisse d'Avennes) en écriture hiératique considéré comme «le plus vieux livre du monde» (vers 2000 av. J.-C.); à droite, les carnets de l'architecte Villard de Honnecourt (XIIIᵉ siècle).

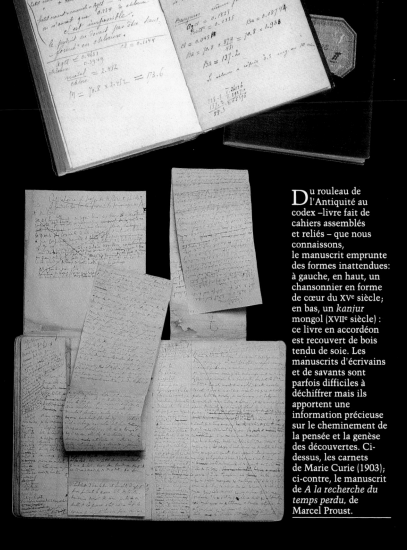

Du rouleau de l'Antiquité au codex –livre fait de cahiers assemblés et reliés – que nous connaissons, le manuscrit emprunte des formes inattendues: à gauche, en haut, un chansonnier en forme de cœur du XVe siècle; en bas, un *kanjur* mongol (XVIIe siècle) : ce livre en accordéon est recouvert de bois tendu de soie. Les manuscrits d'écrivains et de savants sont parfois difficiles à déchiffrer mais ils apportent une information précieuse sur le cheminement de la pensée et la genèse des découvertes. Ci-dessus, les carnets de Marie Curie (1903); ci-contre, le manuscrit de *A la recherche du temps perdu*, de Marcel Proust.

enluminées, d'auteurs antiques (Strabon, Sénèque, Salluste, Thucydide). Le roi protège le peintre Jean Fouquet, qui illustre le manuscrit des *Statuts de l'Ordre de saint Michel*. Livres religieux, livres profanes, auteurs classiques et traités d'astrologie voisinent dans la librairie de Charles VIII. Même après le développement de l'imprimerie, la librairie du Roi continue de collecter, et pas uniquement par tradition ou par bibliophilie, les manuscrits anciens. Instruments de travail pour les savants, ils permettent de connaître des civilisations antiques. Les manuscrits grecs (dès la fin du XVe siècle), arabes, hébraïques, orientaux ont été particulièrement recherchés au temps de la Renaissance et continueront de l'être tout au long de l'histoire de la Bibliothèque. Des missions spéciales font parvenir des documents de Chine et d'Extrême-Orient. Les premiers manuscrits mexicains y entrent en 1700, les russes en 1717.

## ... longtemps avant le livre imprimé et la gravure

L'apparition de l'imprimerie, autour des années 1450, n'a pas d'emblée bouleversé la composition des fonds. L'art nouveau, déjà encouragé par Louis XI, n'a servi dans un premier temps qu'à recopier et imiter le manuscrit et n'a que peu attiré bibliothécaires, savants et collectionneurs. Les livres imprimés ne sont entrés que tardivement et d'abord en petit nombre dans la Bibliothèque. Un inventaire de 1645 n'en recense alors que mille trois cent vingt-neuf. Déjà Henri II et ses successeurs ont protégé les plus remarquables d'entre eux par de splendides reliures.

Albrecht Pfister, imprimeur à Bamberg, est célèbre à deux titres : il est le premier à imprimer des livres (ci-dessus) en langue vulgaire, le haut allemand, et à introduire des gravures sur bois. La présence d'images dans les livres permet de s'adresser à un public plus large, souvent analphabète.

Premier grand livre imprimé en Occident, la Bible latine, dite à 42 lignes, fut achevée en 1455 à Mayence par l'inventeur de l'imprimerie Johann Gutenberg, et son associé Johann Fust. Elle devait servir de Bible de lutrin, destinée à la lecture à haute voix dans les monastères. On estime son tirage à 160 exemplaires, dont une cinquantaine nous sont parvenus. Celui-ci (à gauche), un des quatre exemplaires complets sur velin, est enluminé.

L'illustration du livre imprimé, faite d'abord à l'aide de la gravure sur bois, est dans le courant du XVIᵉ siècle entièrement modifiée par l'apparition de la gravure en taille douce qui sert aussi à la fabrication d'estampes isolées. Celles-ci ne trouvent leur vraie place dans la Bibliothèque qu'à l'occasion de l'entrée de la collection de Michel de Marolles, en 1667 : plus de cent vingt-trois mille gravures, noyau du futur Cabinet des Estampes.

Michel de Marolles (1600-1681) s'intéressa à la gravure très jeune et devint collectionneur en 1644, fréquentant assidûment les boutiques des imagiers. Quand il met en vente sa collection, en 1666, elle se compose de 541 volumes et de 123 400 pièces. «Ne voyant personne dans ma famille qui pust conserver après moy une chose si agréable et si curieuse, j'en veux bien laisser au moins cette petite marque au public…» Colbert acquiert la collection en 1667. La Bibliothèque respecta le classement original de Marolles, par artistes et par sujets.

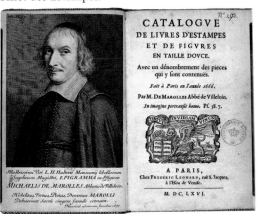

## ... et les monnaies et médailles

Dès le Moyen Age, les rois de France conservèrent aussi dans leurs palais des collections de monnaies, de bijoux et d'objets précieux. Charles IX crée le Cabinet des Médailles, dispersé pendant les guerres de religion, puis reconstitué par Henri IV, sans lien avec la Bibliothèque du Roi. Cette collection, installée au Louvre, devient la plus remarquable de toutes quand elle se trouve augmentée du legs fait par le frère de Louis XIII, Gaston d'Orléans, mort en 1660. Cinq ans plus tard, l'empereur d'Allemagne Léopold Iᵉʳ offre à Louis XIV une partie du trésor de Childéric Iᵉʳ découvert à Tournai en 1653. L'ensemble est réuni à la Bibliothèque du Roi, alors installée rue Vivienne, en 1666. Louis XIV, qui s'y intéresse particulièrement, le fait transporter à Versailles en 1684, mais les gardes continuent de relever de la Bibliothèque.

Léopold Iᵉʳ offrit le trésor de Childéric (ci-dessus, une fibule) à Louis XIV en remerciement de l'aide apportée par les Français à la victoire de Saint-Gothard remportée sur les Turcs en 1664.

## Une loi pour accroître les collections

Le dépôt légal est une source fondamentale d'accroissement des collections d'une Bibliothèque nationale. Son principe est pour la première fois énoncé par l'ordonnance de Montpellier du 28 décembre 1537. Elle enjoint aux éditeurs de déposer, à la librairie du château de Blois, tout livre imprimé mis en vente dans le royaume.

Cette institution, révolutionnaire dans son principe, n'a pas été immédiatement appliquée et la quasi-totalité de la production imprimée y échappera pendant plus d'un siècle, jusqu'à l'époque de Colbert. A titre d'exemple, la Bibliothèque nationale de France possède encore aujourd'hui moins de la moitié (malgré des acquisitions postérieures) de la production des Cavellat, libraires et imprimeurs parisiens de la seconde moitié du XVIᵉ siècle. La situation est encore plus mauvaise pour nombre de libraires provinciaux. Cette ordonnance est par conséquent fréquemment renouvelée. Un édit royal de 1642 précise qu'il est interdit aux libraires «d'exposer en vente aucun des livres et figures qui seront imprimez du jour du présent arrêt qu'ils n'ayent le certificat du garde de ladite bibliothèque

La bibliothèque du château de Blois (ci-dessous) est décrite en 1517 par un ambassadeur : «Nous vîmes une bibliothèque de belles dimensions, avec des pupitres d'un bout à l'autre et des rayons le long des murs, du plafond au plancher, tous garnis de livres. D'autres sont rangés dans des coffres dans une petite arrière-salle. Lesdits livres sont tous écrits à la main en très belles lettres, recouverts de soie de différentes couleurs, avec des agrafes d'argent doré.» Elle comptait 1896 ouvrages lors de son transfert à Fontainebleau en 1544.

comme lesdits deux exemplaires y auront esté mis».
Le dépôt légal est ensuite étendu aux estampes
volantes (1672), puis à la musique (1745).

## Les ambassadeurs et les soldats sont mis à contribution

Cette préoccupation d'exhaustivité se
traduit aussi dans les missions confiées à
des ambassadeurs ou à des savants : ramener
d'Europe ou d'Orient les pièces les plus
remarquables. François I$^{er}$ recourt souvent
aux ambassadeurs à Venise,
à Constantinople pour recueillir des
manuscrits grecs; Colbert envoie le
numismate Jean Foy Vaillant en Italie et en
Orient, et Antoine Galland, le traducteur
des *Mille et Une Nuits*, en Grèce et en
Turquie. Mabillon fait un fructueux voyage
en Italie en 1685, de même que l'abbé
de Louvois en 1701. De Chine, les Jésuites
envoient des documents qui permettent aux
Européens de satisfaire leur curiosité sur
un pays méconnu.

Ces collections sont encore enrichies au moment
des guerres, notamment en Italie. Charles VIII, après
sa conquête du royaume de Naples, rapporte en France
la bibliothèque des rois aragonais (environ mille cent
quarante volumes). Quand Louis XII conquiert
le duché de Milan en 1499, il s'empare d'une partie de
la bibliothèque des Sforza et des Visconti au
château de Pavie, en particulier de nombreux
ouvrages provenant de la bibliothèque de
Pétrarque. D'autres bibliothèques entrent
par confiscation, comme celle du connétable
de Bourbon en 1523.

## Mais c'est bientôt l'affaire de tous les lettrés

Dons et legs se multiplient; c'est d'abord
un acte d'allégeance à l'autorité royale,
c'est ensuite un moyen de contribuer au
développement des lettres et des arts.
Ils sont suscités par les relations
personnelles que sauront très tôt entretenir

Mabillon (ci-dessous), à la demande de Colbert, voyage en Bourgogne, en Allemagne (1683) et en Italie (1685-1686). Il explore les bibliothèques et complète les collections de la bibliothèque royale par des acquisitions judicieuses. L'imprimeur Antoine Vérard présente à Charles VIII (ci-dessous) un ouvrage de sa production.

les bibliothécaires, qui sont souvent eux-mêmes des savants (par exemple Guillaume Budé au XVIe siècle, Melchisédech Thévenot au XVIIe siècle) avec l'élite savante de l'époque et avec les collectionneurs qui sont des habitués de la Bibliothèque; très nombreux à toutes les époques, ils atteignent parfois une importance exceptionnelle : par exemple, le legs des frères Dupuy en 1656 fait entrer à la Bibliothèque neuf mille deux cent vingt-trois volumes imprimés alors qu'elle n'en contenait, à en croire les inventaires, que mille trois cent vingt-neuf en 1645.

Collectionneurs eux-mêmes, les gardes de la Bibliothèque se montrent souvent généreux à leur mort.

A l'occasion d'échanges, la Bibliothèque accroît ses propres fonds; elle utilise notamment pour cela les doubles du dépôt légal ou arrivés à l'occasion d'acquisitions de collections de monnaies ou d'estampes. Par exemple, en 1668, il est décidé qu'elle échangera avec la bibliothèque Mazarine des doubles contre des imprimés et des manuscrits, parfois de grande valeur.

### La Bibliothèque a d'abord suivi ses propriétaires

Ces collections ont été longtemps sans domicile fixe, au gré des résidences royales, partagées parfois entre plusieurs sites, par exemple Vincennes et le Louvre pour Charles V. Les livres de Charles VIII sont à Amboise. Son successeur, Louis XII, fils du poète Charles d'Orléans, les réunit dans le château de Blois à la collection des ducs d'Orléans. François Ier fonde à Fontainebleau, vers 1522, une nouvelle librairie riche en manuscrits grecs, à l'intention des humanistes. Il en confie la direction au savant helléniste

François Ier protégea les humanistes et s'entoura d'éminents érudits. Ceux-ci, hellénistes passionnés par l'Antiquité, influencèrent le roi dans son projet de rénovation de la bibliothèque. Guillaume Budé (à gauche), qui fut à l'origine de la création du Collège de France, présidera jusqu'à sa mort, en 1540, aux destinées du nouvel établissement.

Guillaume Budé, qui reçoit le titre de «maître de la librairie». Il y transfère en 1544 l'ancienne librairie restée à Blois.

## Puis elle s'installe dans des locaux qui ne sont pas les siens

Dans la seconde moitié du XVIe siècle, la Bibliothèque se sépare des palais royaux, sans pour autant trouver un abri définitif et conforme à sa mission. Rejoignant la capitale, installée d'abord dans un lieu que les historiens n'ont pu identifier, elle y est pillée au cours des guerres de Religion. Elle est hébergée ensuite au collège de Clermont (1594-1603), à l'emplacement de l'actuel lycée Louis-le-Grand, puis au couvent des Cordeliers (1603-1666), rue de l'Ecole-de-Médecine.

Colbert, qui donnera un vaste développement à l'établissement, lui fait franchir la Seine en 1666 en la déménageant dans deux maisons qu'il possède rue Vivienne. Ces locaux se révèlent rapidement inadaptés et l'on cherche de nouveaux emplacements. L'histoire de la Bibliothèque, déjà riche en déménagements, l'est encore plus en projets. Louvois, surintendant des bâtiments, décide la construction d'une nouvelle place, la place Vendôme, confiée à Jules Hardouin-Mansart, peut-être pour rivaliser avec le duc de la Feuillade qui faisait construire la place des Victoires. Le projet initial prévoyait un vaste bâtiment pour la Bibliothèque du Roi. Les travaux commencés en 1686 durent être interrompus par la mort de Louvois en 1691. D'autres projets envisagent un transfert au Louvre, par exemple en 1720 ou en 1767 (Soufflot).

Quant au projet de Boullée (1785), il propose une reconstruction sur place, en recouvrant la cour et le jardin de façon à édifier une sorte de «basilique».

Surintendant des Bâtiments, Colbert (ci-dessous) assume de fait la fonction de garde de la Librairie du Roi. Il y met un soin particulier et veut rendre la Bibliothèque du Roi «grande, rare et curieuse». Pendant son «règne», le nombre de manuscrits a doublé, celui des livres imprimés quadruplé, et le Cabinet des Médailles est devenu le plus beau d'Europe.

## Les lecteurs étaient triés sur le volet

L'accueil des lecteurs a bien sûr toujours été une des raisons d'être de la Bibliothèque du Roi. Mais les

conditions d'accès ont varié dans le temps.
L'imprimeur humaniste Robert Estienne précise que
François I<sup>er</sup> communique les collections «librement
à quiconque en a besoin». Au XVII<sup>e</sup> siècle, les
*Adresses de la Ville de Paris* notent qu'elle est
ouverte aux «savants», et seulement entrouverte
aux «curieux». En 1692, l'abbé de Louvois, alors
maître de la librairie, décide de l'ouvrir plus
largement. «Pour faire quelque chose de plus que ce
qui se fait ordinairement dans les bibliothèques
publiques, où l'on donne seulement des livres à lire,
on jugea qu'il était à propos d'établir deux bureaux en
mesme temps, un pour les lecteurs et un pour les
gens de lettres qui voudroient s'entretenir de
littérature et particulièrement de librairie.» Cette
ouverture se fait deux fois par semaine. L'expérience
prend fin, provisoirement, en 1706, à la suite d'un
vol. Mais la Bibliothèque continue d'être ouverte aux
savants, de façon assez libérale. L'*Almanach royal* de
1709 précise : «En attendant qu'on luy ai donné un
vaisseau propre pour placer tout le monde,
les sçavants qui se font connaître y sont toujours
aussi bien reçus que dès
les premiers jours de cet
établissement.»

### Il faut classer et
### cataloguer tous ces
### documents

L'accroissement des
collections et
l'obligation de les
communiquer exigent
un bon ordre dans les
collections. En matière
de bibliothéconomie,
l'ouvrage de référence
est alors l'*Advis pour dresser une bibliothèque*, écrit
en 1627 par Gabriel Naudé, auquel Mazarin confia
par la suite la gestion de ses propres collections.
Nicolas Clément, entré à la Bibliothèque du Roi en
1670 (il y restera jusqu'en 1712), élabore une
classification des livres imprimés dont les grands

C e médaillon
(ci-dessus) de
l'*Almanach royal* de
1676 est un des rares
témoignages sur la
première Bibliothèque
du Roi, installée rue
Vivienne. Naudé (à
gauche) décrit ainsi le
fonctionnement d'une
bibliothèque publique :
«Elle sera ouverte pour
tout le monde sans
excepter âme vivante
depuis les huict heures
du matin jusques à
onze et depuis deux
jusques à cinq du soir;
il y aura aussi des
chaires pour ceux qui
ne voudront que lire, et
des tables garnies de
plumes, encre et papier,
pour ceux qui voudront
escrire, et le
bibliothéquaire avec
ses serviteurs seront
obligez de donner aux
estudiants tous les
livres qu'ils pourront
demander en telle
langue ou science que
ce soit.» Catalogues (en
haut à droite) et
bibliographies,
manuscrits, enrichis au
fur et à mesure des
nouvelles publications,
étaient souvent l'œuvre
de toute une vie.

principes sont encore utilisés de nos jours. Les ouvrages sont répartis en vingt-trois classes, représentées chacune par une lettre de l'alphabet : les quatre premières pour la religion, deux pour le droit et la jurisprudence, dix pour l'histoire, quatre pour la philosophie, les sciences et les arts et trois pour les belles lettres. Quant aux manuscrits, ils sont classés par langue et par sujet.

C' est l'abbé Bignon (ci-dessous) qui décida des premières impressions de catalogues de la Bibliothèque du Roi.

### Pendant le «règne» de l'abbé Bignon, la Bibliothèque atteint son apogée

Le XVIIIe siècle, le siècle des Lumières, est souvent considéré comme l'âge d'or de la Bibliothèque. L'abbé Bignon, nommé Bibliothécaire du Roi en 1719, va lui donner un éclat sans précédent. Il continue d'enrichir le fonds, il stimule le dépôt légal, il fait entrer quelques collections remarquables. Mais surtout, devant l'afflux des documents, il prend les premières mesures qui donnent déjà à l'établissement le visage qu'il présente aujourd'hui.

En 1720, il répartit les documents en départements : Imprimés, Manuscrits, Médailles et Pierres gravées, Planches gravées et Recueils d'estampes, Titres et Généalogies, dirigés chacun par un

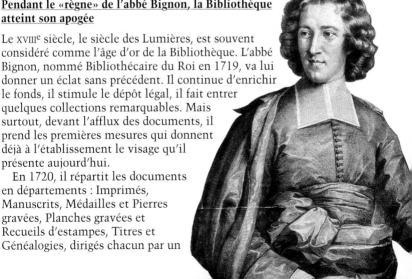

Mazarin (ci-contre, à l'entrée de la galerie dite Mazarine) fit richement décorer l'intérieur de son palais par un artiste italien, Romanelli, qui y travailla en 1646 et 1647. Mazarin refusa les sujets d'histoire romaine que le peintre lui proposait – sauf Romulus et Remus – et leur préféra les *Métamorphoses* d'Ovide, et les sujets mythologiques comme Jupiter foudroyant les Géants (ci-dessous), ou Apollon et Daphné.

garde qu'il choisit avec grand soin. Il s'installe dans des locaux plus spacieux : l'ancien palais de Mazarin, de l'autre côté de la rue Vivienne, ayant été en partie libéré par la faillite de Law, l'abbé Bignon obtient d'y faire transférer l'ensemble des collections en 1721. Ces lieux, qui présentaient un aspect quelque peu hétéroclite, sont alors composés de trois ensembles principaux : l'ancien hôtel de Nevers, le long de la rue de Richelieu, les galeries Mansart et Mazarine, toujours occupées par la Bourse, et l'ancien hôtel Tubeuf, à l'angle des rues Vivienne et des Petits-Champs. Entre ces bâtiments, une foule de maisons, d'hôtels particuliers, d'ateliers d'artistes, d'échoppes, de

cours et de jardins rend leur utilisation malaisée. La rénovation d'une partie des bâtiments est confiée à l'architecte Robert de Cotte (1656-1735). Il construit notamment la galerie Neuve, c'est-à-dire le bâtiment faisant face à l'entrée actuelle de la Bibliothèque, dans le prolongement des galeries édifiées pour Mazarin. Sur le côté nord de la cour, son fils Jules-Robert édifie une aile dans le même style (achevée en 1739 et reconstruite au XIXᵉ siècle). Le Cabinet des Médailles, logé au château de Versailles depuis 1684, est ramené rue de Richelieu et installé dans les anciens appartements de la marquise de Lambert, sur la rue Colbert. Les collections sont placées dans de somptueux médailliers.

Mazarin n'habita pratiquement jamais ce palais (ci-dessus) qui lui servait de cadre pour abriter ses collections et recevoir. La mode des galeries remontait au XVIᵉ siècle, au château de Fontainebleau par exemple, et s'était largement répandue en Italie. De la riche décoration que le Cardinal fit exécuter dans l'hôtel Chevry-Tubeuf subsistent deux plafonds, dont l'un (ci-contre) inspiré de Simon Vouet.

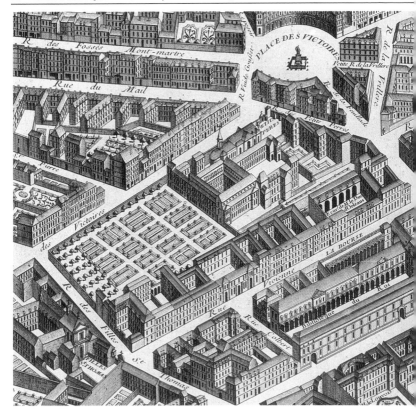

## Un public de plus en plus large

L'abbé Bignon s'attache à faire rédiger et publier les catalogues. Le premier volume, imprimé par l'Imprimerie royale en 1739, est présenté au roi, en grande pompe, par les bibliothécaires; les publications de catalogues des livres imprimés et des manuscrits se poursuivront pendant quelques années puis seront interrompues, bien avant leur achèvement; le dernier paraît en 1753.

En 1720, un arrêt du Conseil annonce qu'«outre les entrées accordées aux savants, la Bibliothèque sera ouverte au public une fois la semaine, depuis 11 heures du matin et jusqu'à 1 heure après midi; et

Nommé Premier Architecte du Roi en 1708, Robert de Cotte est chargé des travaux de la Bibliothèque. Il propose d'abord son installation au Louvre mais ce projet avorte. Il modernise et agrandit l'hôtel de Nevers, rénove la galerie le long de la rue de Richelieu et ajoute un corps de logis et la galerie dite des Globes.

seront alors toutes les personnes que Sa Majesté a déjà attachées à ladite Bibliothèque, ainsi que les autres qu'Elle se propose d'y attacher encore, sous les ordres dudit sieur Bibliothécaire, obligées de se trouver durant ledit temps ès sales, cabinets et galleries d'icelle, pour satisfaire la curiosité de tous ceux que

L e plan de Paris de Turgot (à gauche), dressé en 1739, donne un état des lieux intéressant. Le petit bâtiment de

l'envie de s'instruire y attirera». Ces bonnes dispositions ne seront réellement appliquées qu'à partir de 1735, s'insérant dans un mouvement général d'ouverture des bibliothèques parisiennes (Saint-Germain-des-Prés en 1745, l'Arsenal, Sainte-Geneviève en 1759). Ce public très divers, où hommes et femmes se côtoient, vient à la Bibliothèque pour consulter sur place; curieux et savants ont leurs habitudes, et sont plus ou moins bien accueillis selon leur rang et la disponibilité du garde chez lequel ils sonnent. Des conditions d'accès de plus en plus libérales permettent, à la fin du siècle, à près d'une centaine de personnes de fréquenter quotidiennement les salles de lecture et d'exposition.

Jules-Robert de Cotte (ci-dessus) n'y figure pas. On voit l'hôtel de Nevers, le grand bâtiment de De Cotte. On remarque les maisons avoisinantes qui empêchent la Bibliothèque d'occuper la totalité du quadrilatère, notamment les bâtiments de la Compagnie des Indes que Bignon réclama obstinément jusqu'à son départ.

Au XVIIIe siècle, le nombre des lecteurs s'accroît. L'extension de l'alphabétisation et la multiplication des institutions ouvertes au public (bibliothèques et cabinets de lecture) permettent un accès beaucoup plus large aux livres. Dans le même temps, les bibliothèques privées évoluent. Le développement de la bibliophilie illustre un nouvel usage du livre, devenu objet de collection. Ce n'est plus alors le texte qui fait la valeur d'un ouvrage, mais sa reliure, sa typographie, son papier ou la célébrité de ses anciens possesseurs.

Certains peuvent même emporter, tout à fait légalement, des livres ou des manuscrits chez eux. Ce privilège convoité n'est accessible théoriquement que sur autorisation royale. Les registres de prêt, conservés, montrent que l'élite intellectuelle, notamment les encyclopédistes Voltaire, Rousseau et bien d'autres, ont fréquemment recours aux ressources de la Bibliothèque.

De 1773 à sa mort, le marquis de Condorcet emprunte très régulièrement des ouvrages (ci-dessous) à la Bibliothèque du Roi. Les registres de prêt,

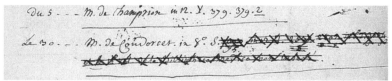

### La plus belle bibliothèque du monde

En 1741, l'abbé Bignon prend sa retraite. Si ses successeurs n'atteignent pas à sa renommée, la Bibliothèque garde cependant un éclat tout particulier, notamment grâce à la présence au sein du personnel d'éminents savants, souvent membres des

seule trace des ouvrages communiqués, permettent de suivre le travail de documentation auquel se livraient auteurs et chercheurs.

grandes académies. Deux noms émergent, l'abbé Barthélemy (garde des Médailles) et Hugues-Adrien Joly (garde des Estampes), qui occuperont leur poste pendant près d'un demi-siècle et qui sont au cœur de l'Europe savante. Ils participent activement à une intense politique d'accroissement. Parmi les très grandes acquisitions de cette époque, on remarque les collections d'imprimés de Huet, Fontanieu, Falconet, les collections d'antiquités du comte de Caylus (1766) et les médailles du cabinet de Joseph Pellerin, le plus riche d'Europe, après celui du roi (1776), grâce à un exceptionnel crédit royal de trois cent mille livres.

La réputation de la Bibliothèque est alors universelle. «C'est une des plus nobles institutions, il n'y a point eu de dépense plus magnifique et plus utile», dit Voltaire. Sa renommée, qui dépasse largement les frontières, donne souvent au personnel l'occasion de se mobiliser pour des visiteurs de marque. Si les rois de France n'y sont pas souvent venus (à l'exception de Louis XIV, une seule fois), les étrangers ne manquent pas d'admirer les collections, détour que leur recommandent de nombreux guides de voyage. Pour le tsar Pierre le Grand au XVIIe siècle, pour le roi de Suède Gustave III, pour le futur Paul Ier, l'ensemble du personnel, Bibliothécaire, gardes, commis, écrivains, interprètes, suisses, frotteurs, etc., a à cœur de sortir les plus beaux documents.

## Mais une crise éclate à la veille de la Révolution

L'âge d'or de la Bibliothèque touche à sa fin. De nouveaux problèmes se font jour et, pour la première fois, les querelles internes occupent le devant de la scène. La nomination en 1784 d'un ancien lieutenant général de la Police, Le Noir, à la tête de l'établissement, est mal accueillie par les gardes, de plus en plus jaloux de leurs prérogatives. Cette hostilité dégénère rapidement en un conflit ouvert qui s'étale sur la place publique, à coups de pamphlets, de dénonciations et de calomnies.

Sollicité par Le Noir (ci-dessous), Bibliothécaire du Roi, l'architecte Etienne-Louis Boullée propose un projet en 1785. Bachaumont, dans ses *Mémoires secrètes*, commente ainsi le projet (page suivante) : «M. Boullée a conçu une idée grande, neuve, ingénieuse et simple. C'est tout uniment de couvrir la cour qui est immense, d'en disposer la décoration intérieure de manière qu'elle présente un superbe amphithéâtre de livres et de réserver les bâtiments actuels comme dépôts des manuscrits, des estampes, des médailles, de la géographie et autres.»

L a Révolution marque profondément la Bibliothèque. Si la crise qui la secouait dans les années précédentes n'y trouve pas de solution durable, elle bénéficie d'enrichissements résultant de confiscations pratiquées en France et à l'étranger qui vont faire d'elle «le plus riche dépôt de toutes les connaissances humaines».

## CHAPITRE II
## BIBLIOTHÈQUE DE LA NATION OU BIBLIOTHÈQUE DE L'UNIVERS?

C ette gravure représente l'*Entrée triomphale des objets de sciences et d'art recueillis en Italie.* (27 juillet 1798).
Le défilé commençait par l'histoire naturelle : bananier, palmier, lion, ours, chameaux...!
La deuxième division était consacrée aux «livres, manuscrits, médailles, musiques, caractères d'imprimerie de langues orientales». Précédant les objets, s'avançaient des députations d'artistes, de professeurs et de conservateurs de bibliothèques publiques.

### C'est d'abord une période de bouleversements administratifs

Tandis que quelques salles de la Bibliothèque sont réquisitionnées en avril et en juillet 1789 pour abriter diverses assemblées, Le Noir, calomnié et menacé, est obligé de s'enfuir, puis de démissionner. Dans une atmosphère de délation, le poste de Bibliothécaire («du Roi» puis «national») devient un poste à hauts risques. En quelques années, deux sont guillotinés – Lefèvre d'Ormesson et Carra – tandis qu'un autre, l'écrivain Chamfort, se suicide. Sur dénonciation d'un de leurs collègues, au début de la Terreur, bon nombre de gardes et cadres de la Bibliothèque se retrouvent, pour quelques heures, en prison !

Diverses propositions de réformes administratives sont avancées. Sous l'impulsion de l'abbé Grégoire, également auteur d'un rapport sur la bibliographie et de plusieurs sur le vandalisme, une commission d'enquête est mise en place, dont les travaux débouchent sur le décret de réorganisation du 17 octobre 1795. Le poste de Bibliothécaire est remplacé par une direction collégiale appelée Conservatoire, composée des huit conservateurs de l'établissement (trois pour les Manuscrits, deux pour les Imprimés, deux pour les Monnaies et Médailles, un pour les Estampes). Chaque année, ils éliront un directeur (administrateur sous le Consulat) chargé de surveiller l'exécution des règlements et des délibérations du Conservatoire, sous l'autorité du ministre de l'Intérieur.

### Les acquis de l'Ancien Régime sont remis en cause

La Bibliothèque, rapidement devenue «nationale», ne subit pas le sort de nombreuses autres propriétés de la Couronne. Les violences à l'égard des personnes contrastent avec la quasi-absence de vandalisme à

Une carrière au service de la Bibliothèque : Hugues-Adrien Joly (ci-dessus) est entré en 1737 comme commis ; nommé garde du Cabinet des Estampes en 1750, il ne sera remplacé à ce poste qu'en 1795, par son fils Jacques-Adrien. Sa correspondance avec l'Allemand Heinecken nous a laissé un tableau très vivant des activités d'un conservateur à cette époque.

L'abbé Grégoire (à gauche), membre du Comité d'instruction publique de la Convention, rédigea plusieurs rapports qui permirent la réorganisation des bibliothèques constituées à partir des confiscations.

l'encontre du monument et des documents, même ceux qui portaient les marques de l'Ancien Régime. Le projet de faire disparaître des ouvrages les «signes de la féodalité» ne sera pas exécuté, non plus que ceux d'utiliser les vieux parchemins pour en faire des gargousses à canon ou d'épurer les bibliothèques des livres «inutiles».

Mais la Révolution va bouleverser le fonctionnement de la Bibliothèque de façon beaucoup plus décisive en modifiant radicalement les conditions de collecte des documents.

La première mesure est la

En protégeant «les droits de propriété des auteurs d'écrits en tout genre, compositeurs de musique, peintres et dessinateurs», la nouvelle législation sur le dépôt légal se trouvait étendue aux brevets d'invention. Ainsi les fabricants d'éventails et de papiers peints déposèrent-ils désormais leur production. Le «journal» du Cabinet des Estampes

suppression, au nom de la liberté, en juillet 1790, du dépôt légal obligatoire. Le souci de protéger le droit d'auteur amène son rétablissement – par la loi du 19 juillet 1793 – mais de façon facultative. Ce n'est qu'en 1810, dans le contexte policier d'une surveillance accrue des imprimeurs, qu'il sera pleinement restauré. La remise en cause de ce mode classique d'accroissement des collections, aggravée par des restrictions budgétaires, sera compensée, et bien au-delà, par l'arrivée massive de centaines de milliers de documents, confisqués ou saisis.

note en date du 23 juin 1796 : «Le citoyen Bance, marchand d'estampes, conformément à la loi, a déposé au Département des épreuves d'un nouvel éventail (ci-dessus) représentant la collection de papiers monnaye ayant eu cours pendant la Révolution française.»

### Les biens du clergé

Les biens ecclésiastiques sont mis à la disposition de la Nation en novembre 1789. Ces collections, très diverses, vont être partagées entre musées et bibliothèques. Les trésors des églises étaient d'une grande variété : étoffes précieuses, manuscrits, objets cultuels, reliques, bijoux, objets en ivoire, etc.

Certains connaissent alors des vicissitudes : l'argenterie est souvent fondue. Mais les recommandations de la Commission des monuments dès le début de 1791 permettent de sauver beaucoup de pièces intéressantes. Elles doivent être déposées «soit au Cabinet des Antiques, rue de Richelieu, soit au dépôt provisoire (des Petits-Augustins)». A cette occasion, les enrichissements du Cabinet des Médailles dépassent largement ceux de l'ensemble des huit premières décennies, pourtant fort remarquables. Quant aux bibliothèques monastiques parisiennes, elles sont fermées et leurs collections transportées dans des dépôts littéraires, où les bibliothèques maintenues, en premier lieu la Nationale, sont autorisées à effectuer des prélèvements.

Le trésor – hautement symbolique – de l'abbaye de Saint-Denis est parmi les premiers à être démantelé. La Bibliothèque reçoit le trône dit de Dagobert et d'autres objets précieux, cinq vases, quatre camées, deux intailles, deux manuscrits, malgré les protestations des habitants de la ville de Saint-Denis. De la Sainte-Chapelle de Paris viennent notamment le Grand Camée de France (1er siècle apr. J.-C.) et un évangéliaire du XIIe siècle à reliure en argent.

La province aussi est mise à contribution, comme en témoigne par exemple l'entrée de manuscrits carolingiens venus de Chartres ou de Metz (le *Sacramentaire* de Drogon). Parmi les grandes bibliothèques, celles de la Sorbonne (vingt-neuf mille huit cents imprimés et deux mille manuscrits) et de l'abbaye de Saint-Victor (plus de trente mille documents, dont la plus belle collection de cartes géographiques du temps)

Le Cabinet des Médailles a été dirigé de 1754 à 1795 par l'abbé Barthélemy, numismate de grand talent. Pendant la Révolution, le Cabinet s'enrichit d'objets remarquables. Le trône dit de Dagobert (ci-dessus), qui date de l'époque mérovingienne ou carolingienne, a été plusieurs fois restauré, notamment pour Bonaparte lors de la création de l'ordre de la Légion d'honneur. Le Grand Camée de France (à gauche) représente différentes scènes de l'histoire romaine. On a pu identifier au centre l'empereur Tibère trônant avec sa mère Livie sur un piédestal.

fournissent de remarquables enrichissements.

## Le cas de l'abbaye de Saint-Germain-des-Prés est particulier

En août 1794, un incendie ravage la bibliothèque de l'abbaye. Presque tous les manuscrits sont épargnés, mais beaucoup d'imprimés sont brûlés, d'autres abîmés par l'eau. Tandis que commence le transport de neuf mille manuscrits, les livres restants doivent être triés : ceux que l'on peut récupérer sont mis à sécher dans le grenier des Cordeliers. Certains vont ensuite directement à la Bibliothèque nationale, d'autres transitent par les dépôts littéraires. Dans la panique, les collections souffrent: le voyageur anglais Dibdin écrit d'un incunable – livre imprimé avant le 1er janvier 1501 – que «par suite de l'incendie de la bibliothèque de Saint-Germain des Prés, il fut jeté dans la rue, et trouvé le lendemain par M. Van Praet». Quantité de livres de la même provenance avaient été abandonnés dans les caves.

## Les collections des rois, des princes et des émigrés

Après l'exécution de Louis XVI, ses collections personnelles sont mises à la disposition de la Nation. Il en est de même pour celles des membres de la famille royale, des princes et des émigrés. A Versailles, Louis XVI dans son cabinet, Marie-Antoinette, le comte de Provence et Madame Elisabeth (le frère et la sœur du roi) possédaient de vastes bibliothèques, qui sont alors regroupées dans un dépôt installé dans le château. Deux gardes de la Bibliothèque, Van Praet et Langlès, se rendent à Versailles pour choisir les pièces les plus précieuses, parmi lesquelles les *Heures d'Anne de Bretagne* (début du XVIe siècle), dont les

Aux XVIIe et XVIIIe siècles, l'abbaye de Saint-Germain-des-Prés (ci-dessous) fut un des grands centres de la vie intellectuelle. Sa bibliothèque, ouverte au public, était riche de 50000 volumes imprimés et de 9000 manuscrits. Elle n'aurait pas dû être touchée par les saisies

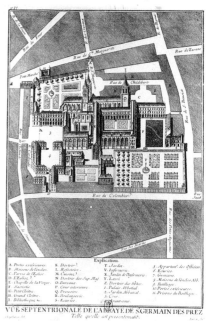

VÜE SEPTENTRIONALE DE L'ABBAYE DE S.GERMAIN DES PREZ
*Telle qu'elle est présentement.*

révolutionnaires, mais l'incendie de 1794, qui prit naissance dans l'entrepôt de poudre installé dans l'ancien réfectoire, rendit impossible le maintien sur place des livres.

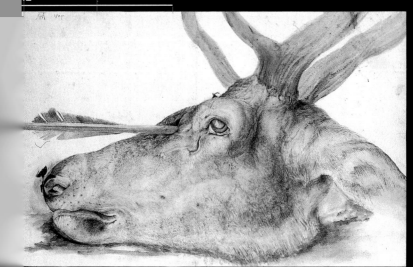

PHILOSOPHE MOLIÈRE

GAYANT

PHILOSOPHE LA FONTAINE

GAYANT

VERTU PRUDENCE

Gayant

VERTU JUSTICE

Gayant

RÉPUBLICAIN

RÉPUBLICAIN

## Le département des Estampes et de la Photographie

**A**u milieu d'une grande diversité de documents – gravures, affiches, vignettes, calendriers, cartes postales, photographies – parfois inattendus, on trouve dans ce département les chefs-d'œuvre de l'histoire de la gravure. En haut à gauche, une tête de cerf par Dürer; en bas, les *Trois Croix* de Rembrandt (1653); ci-contre, des cartes à jouer de l'époque révolutionnaire (1794). Pages suivantes : à gauche, *L'Enfant Jésus au papagay*, gravure du XVᵉ siècle considérée comme la première carte de vœux; à droite, le portrait de Louis XV par Le Blon, première gravure en couleur.

## Le département des Monnaies et Médailles

L es collections de monnaies et médailles de la Bibliothèque nationale sont parmi les plus importantes au monde. Les séries antiques, grecque et romaine y sont très bien représentées, ainsi bien sûr que la monnaie française. Une exposition permanente permet d'admirer les plus belles pièces. De gauche à droite et de haut en bas : le dieu fleuve, pièce grecque ; monnaie gauloise ; monnaie à l'effigie de Constantin VII ; médaille à l'effigie de Louis XI ; fragment de verre antique ; camée représentant Henri IV ; monnaie à l'effigie de Jules César.

Produit de la brillante école hollandaise de cartographie, l'*Atlas* de F. de Witt (ci-contre) date de 1680. Déposé à la Bibliothèque nationale en brumaire an VII, il provient du couvent des Capucins de la rue Saint-Honoré, qui avait été transformé en dépôt littéraire. Il renferme 51 cartes gravées au burin et aquarellées.

La carte de France dite de Cassini est la première de ce type à l'échelon national. Commencée en 1748 à l'initiative de Louis XV, elle est pratiquement achevée quand éclate la Révolution. La collection entière comprend 182 feuilles. Celles de cet exemplaire (à droite), qui appartenait à Marie-Antoinette et était conservé aux Tuileries, étaient entoilées, coloriées et placées dans des étuis en maroquin rouge aux armes de la reine.

peintures sont l'œuvre de Jean Bourdichon. Quant à la bibliothèque que Marie-Antoinette possédait aux Tuileries, elle est transportée à la Nationale (près de quatre mille volumes) à la fin de 1792.

La confiscation des biens des émigrés est prononcée par les lois du 9 et du 12 février 1792. Ceux dont les propriétaires se sont enfuis à l'étranger sont déclarés biens nationaux le 14 août. Ceux qui furent jugés dignes de confiscation sont également rassemblés dans des dépôts provisoires, différents de ceux affectés aux biens ecclésiastiques.

### Comment s'opéra la sélection des documents ?

La création de ces dépôts provisoires, souvent installés dans des bâtiments religieux, répond à ces préoccupations de sécurité. On y transporte la plupart des grandes bibliothèques parisiennes non encore ouvertes au public : dépôt des Capucins (deux cent mille volumes appartenant à quarante-sept bibliothèques) ; Saint-Louis-la-Culture (six cent mille ouvrages provenant de quatre-vingt-seize établissements) ; Enfants-de-la-Patrie (soixante mille ouvrages), etc.

L es livres d'heures étaient des ouvrages de prières à l'usage des fidèles. Ce manuscrit (ci-dessus), exécuté en 1500-1508 pour Anne de Bretagne, épouse de Louis XII, contient 63 peintures dues à l'artiste Jean Bourdichon, élève de Fouquet. Il ne quitta

Dans ces dépôts, les représentants des bibliothèques encore existantes sont autorisés à se servir, la Nationale ayant toujours une sorte de priorité. Ses gardes y déploient un zèle et une compétence admirables. Leur volonté de combler les lacunes, anciennes ou récentes, du dépôt légal, leur

la famille royale que pour entrer à la Bibliothèque nationale, en 1795.

flair pour repérer les éditions importantes se manifestent particulièrement en cette occasion.

### Un personnage hors du commun :
### Joseph Van Praet (1754-1837)

Si l'ensemble des conservateurs de la Bibliothèque (par exemple Barbié du Bocage ébauchant une collection de cartes et plans ou Joly aux Estampes) a eu conscience de vivre des moments exceptionnels, Joseph Van Praet se place au-dessus de ses collègues. Né en 1754 à Bruges, fils d'imprimeur libraire, lui-même d'abord employé chez les frères De Bure, libraires parisiens, il entre à la Bibliothèque en 1784 et y restera jusqu'à sa mort en 1837. Conservateur des Imprimés, son action s'est portée dans deux directions : l'enrichissement des collections et la mise en valeur des livres les plus anciens et des monuments de l'histoire de l'imprimerie. En 1793, il achète l'édition du Voltaire de Kehl (du nom de la ville allemande), en quatre-vingt-douze volumes, pour la somme élevée de cent quatre-vingt-dix-sept livres. Pour l'année 1793, les dépenses liées aux achats d'imprimés répertoriés par Van Praet s'élèvent à près de onze mille cinq cents livres. Certains libraires spécialisés sont des fournisseurs attitrés, mais Van Praet achète aussi directement chez les fabricants d'estampes et les artistes.

Depuis le début du XVIIIe siècle, la bibliophilie s'est développée, comme le montre la multiplication des ventes aux enchères, particulièrement depuis 1700 – vente de la collection du duc de La Vallière en 1784, où la Bibliothèque fit d'importantes acquisitions –, ce qui avait provoqué une hausse du prix des incunables et des vélins (ouvrages imprimés sur de la peau de veau mort-né). Cela se traduit pour la Bibliothèque par la recherche d'éditions « aldines » (du nom d'Alde Manuce, célèbre imprimeur vénitien du XVe siècle) ou par l'achat d'environ quatre cents incunables à la vente Loménie de Brienne, en mars 1792. Que ce soit lors de ventes publiques, de choix effectués dans les dépôts littéraires, d'échanges opérés à l'étranger, partout Van Praet manifeste un goût très sûr, un savoir confondant et une connaissance exceptionnelle

Van Praet consacra son existence à la Bibliothèque. Garde des Imprimés en 1795, il présida le Conservatoire à plusieurs reprises.

des fonds de la Bibliothèque.

Ces confiscations, en France et à l'étranger, cœxistent avec des achats tout à fait réguliers, à l'occasion de ventes aux enchères ou de ventes de gré à gré. Les missions de dom Maugérard en Rhénanie permettent d'acquérir des ouvrages précieux datant des premiers temps de l'imprimerie, dont les deux exemplaires de la Bible de Gutenberg conservés aujourd'hui à la Bibliothèque. Même si les achats traditionnels ont continué, ces confiscations françaises et étrangères ont constitué l'apport original et massif de la Révolution. Une fois sélectionnés, les livres, imprimés et manuscrits, sont transportés à la Bibliothèque dans des conditions parfois rocambolesques : empilés, acheminés dans des charrettes, parfois sous la pluie, déchargés à la hâte dans la cour de la Bibliothèque, ils sont ensuite entassés là où on trouvait de la place.

La hantise du feu est une constante dans l'histoire de la Bibliothèque, qui a toujours su se préserver de ce fléau. Un corps de pompiers était installé à demeure. Le Théâtre des Arts, construit en 1792, constituait, comme le montre cette gravure exposant les dispositions à prendre pour garantir la Bibliothèque en cas d'incendie, une menace très sérieuse. Occupé ensuite par l'Opéra, il fut démoli et remplacé par l'actuel square Louvois.

## Les richesses des bibliothèques étrangères

A l'instar du Museum des arts, dont les collections se sont enrichies d'œuvres confisquées, la Bibliothèque nationale profite des saisies pratiquées dans les pays conquis, Belgique, Allemagne, Pays-Bas, Italie. Cependant ces confiscations sont moindres que celles qui frappent les biens ecclésiastiques et des émigrés. La France, pays de la liberté nouvelle, se doit de recueillir un maximum de productions de l'esprit humain. Napoléon donne à cette pratique un caractère systématique.

L a Bibliothèque bénéficia de dons de francophiles désireux de rendre hommage à la Révolution. Cet épistolier d'une église de Cologne, relié d'ivoire, a été offert en 1794 par le baron Hüpsch.

Dans ce qui s'apparente à plusieurs reprises à un pillage systématique des richesses artistiques des pays occupés, on peut distinguer deux périodes. En 1794, en Belgique et en Allemagne, des «commissions des sciences et des arts» sont nommées auprès des différentes armées. Leblond, ancien bibliothécaire de Saint-Victor, de Wailly, architecte, Thouin et Faujas de Saint-Fond, tous deux professeurs au Museum d'histoire naturelle, sont envoyés en mission en Belgique comme attachés aux armées du Nord et de Sambre et Meuse, «pour recueillir tous les monuments, toutes les richesses, toutes les connoissances qui ont rapport aux arts, aux sciences pour en enrichir la République». La correspondance de Leblond éclaire le déroulement des opérations : «C'est à Cologne que nous avons brillé. Vingt-cinq caisses de livres… voilà ce que cette ancienne ville des Ubiens a fourni à la République», dont cent quarante-trois volumes renfermant vingt et un mille sept cents gravures qui sont affectés au département des Estampes. De Bruxelles, en particulier de la bibliothèque de Bourgogne, de nombreux imprimés et manuscrits sont envoyés à Paris. Sous le Consulat, Bonaparte emmène dans la campagne d'Egypte des savants dont la mission est de ramener des documents sur l'Orient. Aucun membre de la Bibliothèque ne fit jamais partie de ces commissions, à l'intérieur desquelles un membre était plus spécialement chargé de recueillir livres et manuscrits.

Ces saisies revêtent un caractère plus méthodique à

partir de la campagne d'Italie, en 1796, en application de différents traités, et avec le concours de conservateurs de la Bibliothèque qui indiquent les pièces intéressantes. A la suite du traité de Tolentino, les commissaires choisissent cinq cent six manuscrits dans la bibliothèque des chanoines de Saint-Sauveur, à Bologne, ainsi que des imprimés.

Cette pratique se poursuit sous le Consulat et l'Empire. A partir de 1799, en Allemagne, des listes de manuscrits et d'incunables «à saisir» sont envoyées aux armées. Les fonctionnaires français, tel Stendhal à Wolfenbüttel, sont mis à contribution. Millin, conservateur au Cabinet des Médailles, se rend en Italie à la recherche de documents précieux.

### Il fallut rendre certaines pièces... mais pas toutes!

Des confiscations hâtives sont parfois rapidement restituées : par exemple, à l'occasion de son sacre,

En Italie, dans le sillage des armées victorieuses de Bonaparte (en bas), les commissaires des sciences et des arts saisirent près de 1 500 manuscrits et de nombreux incunables dans les bibliothèques de Bologne, Venise, Mantoue, Rome, etc. Stendhal (ci-dessus) se trouvait en Allemagne, envoyé par l'Administration impériale en 1806 dans le duché de Brunswick. Il y resta deux ans et participa à la saisie des livres pour la Bibliothèque impériale, notamment dans la célèbre bibliothèque de Wolfenbüttel (les ouvrages seront rendus). En 1829, à cours d'argent, il postulera vainement une place au département des Manuscrits. Un de ses logements parisiens favoris était d'ailleurs situé rue de Richelieu, juste en face de la Bibliothèque.

Napoléon rend des reliques à l'archevêque de Paris.
Certains des héritiers des émigrés réussissent à
récupérer dans les dépôts littéraires des livres en
provenance de leur famille. Quant à Louis-Philippe
d'Orléans, le futur roi Louis-Philippe, le cabinet de
médailles de son père, déposé à la Bibliothèque
nationale, ne lui sera rendu qu'à la Restauration,
le 28 décembre 1814 !

Aux vainqueurs de la France aussi, il fallut rendre
les biens confisqués. La défaite militaire, la chute de
l'Empereur et l'occupation des Alliés contraignent à
d'importantes restitutions en 1814 et 1815.
Le 1er octobre 1814, les commissaires prussiens
récupèrent huit mille cinq cents monnaies et pièces
qui avaient été emportées de Berlin en 1806. L'année
suivante, les manuscrits de Wolfenbüttel sont remis
au duc de Brunswick. Beaucoup des pierres gravées,
manuscrits et imprimés entrés pendant la Révolution
et l'Empire sont restitués en 1815 : par exemple le
*Codex d'Ada*, aujourd'hui conservé à Trèves.

Tout ne reprend pas le chemin de l'étranger.
Certains documents ne sont pas réclamés et tout ce
qui est réclamé ne sera pas forcément retrouvé dans
l'amoncellement de livres qui règne dans la
Bibliothèque. Le catalogue des collections n'avait pu
encore être dressé et il est possible que les
conservateurs pour lesquels ces restitutions
représentaient la fin d'un idéal n'aient pas mis toute
la bonne volonté souhaitée pour les retrouver.

La Bibliothèque
de l'Arsenal, qui
constitue aujourd'hui
un département de la
Bibliothèque nationale
de France, s'enrichit
à son tour. Dirigée par
le très actif Ameilhon,
elle fut autorisée à
choisir dans les dépôts
littéraires des ouvrages
confisqués, comme cet
évangéliaire (ci-dessus)
provenant de l'abbaye
d'Afflighem en Belgique
et recouvert d'une
splendide reliure
d'ivoire du XIIe siècle.

### De tout cela qu'est-il resté ?

Moment d'utopie, le changement de propriétaire
qui a affecté tous ces documents a été l'occasion de
rêver un peu sur le rôle des bibliothèques et des
bibliothécaires. Dès 1790 surgit un projet de
catalogue collectif de tous les ouvrages appartenant à
la Nation, en province et à Paris. Des instructions
sont diffusées « pour procéder à la confection du
catalogue » et préconisent l'emploi de cartes à jouer
pour servir de fiches. Cette entreprise n'a pas encore
de nos jours été réalisée.

Autre héritage révolutionnaire, l'idée d'un
département des « cartes et plans », à partir des fonds

conservés aux Estampes et aux Imprimés, à l'initiative de Jean-Denis Barbié du Bocage (1760-1825); la réalisation en sera beaucoup plus tardive.

C'est aussi au cours de cette période qu'apparaissent les signes lointainement précurseurs de l'engouement pour l'achat des manuscrits d'auteurs, comme le montrent les tractations (menées à l'échec) pour l'achat en 1801 d'une partie du manuscrit de *La Nouvelle Héloïse*, de Jean-Jacques Rousseau, ou l'achat d'une partie de la correspondance de Voltaire en 1803.

L'idéal révolutionnaire n'a pas manqué bien sûr de susciter un mouvement en faveur d'une plus large ouverture des collections au public. Cela s'est traduit par l'organisation d'expositions permanentes, d'estampes et de monuments archéologiques; par la tentative de faire jouer à la Bibliothèque, particulièrement au Cabinet des Médailles, un rôle pédagogique, en organisant un cours d'archéologie en rapport avec les collections; par des horaires d'ouverture des salles bien plus larges. Le bilan est évidemment très positif. Le rôle phare de la Bibliothèque nationale s'est traduit par la priorité absolue donnée à l'accroissement de ses collections. Pour la première et la dernière fois de son histoire, elle a doublé son fonds. On estime qu'au total, pendant la Révolution, deux cent cinquante mille livres, de quatorze à quinze mille manuscrits et quatre-vingt-cinq mille estampes sont venus rejoindre les collections nationales.

De nombreux règlements (ci-dessus, celui de 1811) jalonnent l'histoire de la Bibliothèque, rappelant employés et lecteurs au respect des documents qu'ils ont entre les mains. L'établissement, quoique largement ouvert, connaissait une fermeture annuelle d'un mois : «...il est pris un temps pour revoir les tablettes et les portefeuilles, pour battre et épousseter les livres, recoller les estampes, etc.»

Collecter, stocker, conserver, communiquer… Ces grandes missions de toute bibliothèque nationale constituent en ce début du XIX<sup>e</sup> siècle des défis presque contradictoires.
Pour émerger de cette marée de livres, de manuscrits, d'estampes, il faudrait pouvoir s'arrêter pour les trier, les classer, les cataloguer, les relier, et les rendre accessibles. Enjeu sans précédent, qui aurait exigé de vastes budgets, une direction ferme, des locaux agrandis. La Bibliothèque ne possède alors aucun de ces atouts.

CHAPITRE III
## DEUX SIÈCLES DE CROISSANCE VERTIGINEUSE

Dans une bibliothèque où coexistent les missions de conservation et de communication, le problème de l'agrandissement des locaux se pose régulièrement.

Les collections de la Bibliothèque ont été doublées en une vingtaine d'années sans qu'elle bénéficie du moindre gain de place. Et la collecte continue...

## Faut-il déménager ?

Rendu plus sensible par les accroissements de la Révolution, le manque d'espace, aggravé par l'hétérogénéité des bâtiments, demeure une préoccupation constante. Plusieurs projets de déplacement se succèdent, dont aucun n'aboutit. Leurs auteurs arguent souvent du risque d'incendie dû à la proximité de l'Opéra, installé à l'emplacement actuel du square Louvois (il ne sera démoli qu'après l'assassinat dans ses murs du duc de Berry). Le

Pendant la monarchie de Juillet, le débat sur le sort de la Bibliothèque royale prit de l'ampleur et de nombreuses personnalités intervinrent. Benjamin Delessert (1773-1847), qui s'occupait de politique et d'œuvres de bienfaisance, était possesseur d'une vaste bibliothèque d'histoire naturelle, ce qui l'amena à étudier la meilleure forme à donner à ce type de

VUE DE LA FAÇADE DE LA BIBLIOTHÈQUE ROYALE

Projetée sur la Place de Bellechasse

transfert au Louvre est souvent proposé, y compris par Napoléon, qui en prend la décision par un décret resté lettre morte. Les efforts de Thiers pendant la monarchie de Juillet restent également vains. L'église de la Madeleine, alors en construction, est retenue par Gisors (an VII de la Révolution) puis par l'architecte A. F. Peyre. La place Bellechasse, l'Institut, la Monnaie, le quai d'Orsay, la place Dauphine, la place Saint-Sulpice, le quai Malaquais, le marché aux Veaux, la rue Saint-Jacques, l'hôpital de la Charité, l'hôtel d'Avray, les jardins du Palais-Bourbon, l'île aux Cygnes, l'île Louviers, la place de l'Hôtel-de-Ville, les Champs-Elysées sont tour à tour envisagés par les nombreuses commissions qui s'attaquent au problème entre 1830 et 1848 et témoignent de l'indécision générale. Benjamin Delessert propose, en 1835, un projet original de bibliothèque circulaire,

bâtiment. Il présenta deux projets pour la Bibliothèque royale, en 1835 et 1838. Le premier, de forme circulaire, s'inscrivait dans la place du Carrousel, où il devait faire la jonction entre le Louvre et les Tuileries. Le second était de forme ovale (en haut à droite), pour pouvoir être réalisé sur la place Bellechasse (ci-dessus, la façade) qu'une commission gouvernementale venait de désigner.

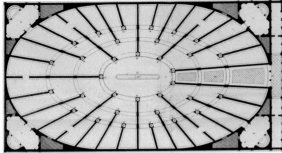

révue pour contenir
800 000 volumes,
«cette Bibliothèque
sera incombustible,
d'un service et
d'une
surveillance
faciles; les
conservateurs
au centre
pourront en voir toutes
les parties.
Les livres seront
renfermés dans des
châssis vitrés et
accessibles au moyen
de galeries et escaliers
en fer».

«de forme panoptique» : «Les conservateurs et les
lecteurs seront placés au milieu d'une vaste rotonde
où viendront aboutir huit grandes galeries. Ces
galeries seront formées par des murs disposés en
rayons divergents, et des deux côtés de ces murs
seront placés des corps de bibliothèques.» Mais le
comte Léon de Laborde, qui tente d'attirer l'attention
des pouvoirs publics et de l'opinion sur l'état de
délabrement de la Bibliothèque, objecte «qu'à moins
de faire tourner, sur un pivot incessamment mobile,
le conservateur armé d'un télescope et d'un porte-
voix, la surveillance si elle ne devait pas être morale,
serait toujours incomplète»!

   D'autres suggèrent la reconstruction sur place.
Les architectes de la Bibliothèque, François-Joseph
Delannoy puis Louis Visconti proposent diverses
restaurations et modernisations.
En l'absence d'une décision, ou parfois de
l'application des décisions prises, la Bibliothèque n'a
d'autre choix que de continuer à grignoter «son»
quadrilatère. La Bourse libère, en 1825, la galerie
Mazarine, qui est alors affectée aux Manuscrits,
tandis que le Trésor public abandonne quelques
années plus tard l'hôtel Tubeuf, à l'angle des rues
Vivienne et des Petits-Champs.

## La commission Mérimée

Les incertitudes qui planent sur le destin de la
Bibliothèque ne se dénouent que sous le second
Empire. Une commission est nommée le 19 décembre
1857. Elle est présidée par Prosper Mérimée, sénateur

❝C'est vous qui êtes la
cause de tous mes
tourments, en faisant
votre diable de

bibliothèque qui
empêche M. Fould de
dormir. Il veut en avoir
une aussi... Depuis
quelques jours, je
préside la commission
chargée de porter la
lumière dans cette
noire caverne.❞

Prosper Mérimée,
lettre à Panizzi,
25 janvier 1858

et inspecteur des Monuments historiques, qui se confie à son ami Panizzi, bibliothécaire au British Museum : «Mon métier est un des plus désagréables. J'ai à tourmenter des confrères et des maîtres, et, ce qu'il y a de pis, à leur dire de temps en temps qu'ils me font des contes à dormir debout.» Le rapport final est assurément sans complaisance. Il condamne l'impuissance d'une direction aux prises avec le Conservatoire («Il faut un chef unique»...), le peu de zèle de beaucoup d'employés, la présence des Estampes qui seraient plus à leur place au Louvre, l'insuffisance des crédits d'acquisition et de reliure, les retards du catalogue, le mauvais fonctionnement du dépôt légal, etc. De plus, beaucoup de lecteurs qui «demandent des livres frivoles ou même infâmes... gênent et éloignent les travailleurs sérieux».

Le décret impérial du 14 juillet 1858 reprend une partie, jugée trop restreinte par Mérimée («On s'est un peu trop moqué de nous»), des conclusions de la commission. Les pouvoirs de l'administrateur général sont renforcés, les statuts du personnel revalorisés. Mais la décision principale est l'installation de deux salles de lecture pour les Imprimés, toute idée de partition ou de déplacement étant abandonnée.

### Un public nouveau

Le nombre des lecteurs n'a cessé de croître. Evalué à une centaine par jour à l'époque de la Révolution, il atteint environ trois cents vers 1850. Une nouvelle salle de lecture

**M** usée et lieu de recherche, le Cabinet des Médailles a toujours suscité l'intérêt du public. Depuis la Révolution, une exposition permanente permet d'y admirer les pièces les plus remarquables. Au XIXᵉ siècle, grâce aux confiscations, il bénéficia de très belles acquisitions, tels le trésor de Berthouville et la collection du duc de Luynes.

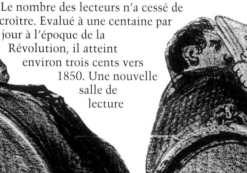

est ouverte en 1833 dans laquelle, luxe inhabituel, le chauffage est installé quelques années plus tard, ce qui fait dire à Mérimée que certains lecteurs ne viennent que pour se chauffer.

Jugé parfois trop nombreux ou pas assez cultivé, ce public est officiellement divisé en deux catégories, reprenant la distinction déjà faite sous l'Ancien Régime, entre les savants et les simples curieux. Le décret impérial de 1858 prévoit en effet «deux salles distinctes : l'une réservée aux personnes qu'un travail très sérieux conduirait à la Bibliothèque; l'autre, publique, ouverte à tous les lecteurs amenés par un moins grave intérêt, et dont les demandes seraient amplement satisfaites par une réunion de trente à quarante mille volumes». Cette salle «B», aménagée dans les anciens bâtiments, dispose de ses collections propres, et est ouverte même le dimanche. Elle connaît à ses débuts un succès certain, explicable

L'augmentation considérable du nombre des lecteurs pendant la première moitié du XIXᵉ siècle, due à l'absence de bibliothèques publiques à Paris, a suscité la verve des caricaturistes (ici Gustave Doré) et la colère des polémistes : «Espérons qu'elle sera fermée aux lisailleurs et aux oisifs de bas étage, qu'elle s'ouvrira seulement pour un public choisi et lettré... Il faut fermer la Bibliothèque du Roi, faire les catalogues, éloigner le mauvais public et rendre utile à la science le plus bel établissement que la science possède au monde.»

par la carence de Paris en bibliothèques municipales, puis tombe en désuétude. Elle est fermée en 1935, mais dès 1915, la Bibliothèque « s'honore d'avoir, à une époque déjà lointaine, uni dans ses préoccupations le souci de l'éducation populaire et celui de la recherche scientifique. En admettant sans cartes ni formalités, tous les jours, même le dimanche, tous les lecteurs, dans un local librement ouvert et bien pourvu de livres de toutes sortes, elle a montré qu'elle avait le sens des nécessités démocratiques.

## Henri Labrouste (1801-1875)

Le célèbre architecte s'est déjà illustré dans la reconstruction de la bibliothèque Sainte-Geneviève (1843-1850). A la mort de Visconti, en 1854, il est nommé architecte de la Bibliothèque. Le 29 avril 1859, son projet d'agrandissement est approuvé. Une seule modification y sera apportée à la demande de l'Administration : pour des raisons de sécurité, les arcades ornées de statues prévues en face du square Louvois seront remplacées par un mur plein rappelant celui de la bibliothèque Sainte-Geneviève, renforçant le caractère austère du bâtiment. Les travaux dureront jusqu'en 1873.

La salle de travail, qui a subi peu de modifications depuis son édification, offre un plan carré. Elle est couverte par neuf coupoles laissant passer la lumière du jour. La décoration est assez simple : cinquante mille livres tapissent les parois. Ils sont surmontés de fresques de paysages dues au pinceau de Desgoffes et d'une série de médaillons représentant les grands penseurs. La salle est suivie d'une abside en forme d'hémicycle. Au fond de celui-ci, une arche supportée par deux cariatides s'ouvre sur le magasin des Imprimés, où des planchers en caillebotis laissent passer la lumière. Cinq niveaux de livres permettent de ranger près d'un

Dans les magasins (à gauche), «de chaque côté ouvrent des compartiments, sortes de stalles dont les deux parois perpendiculaires au passage central sont constituées par des casiers à livres. Pour la facilité des recherches, il ne fallait ni escabeaux, ni marchepieds ; les dimensions de chaque stalle sont donc déterminées : en largeur, par l'étendue normale des bras ouverts de l'homme, afin que d'une même place il puisse à volonté atteindre le casier de droite ou celui de gauche ; en hauteur par le niveau de ce que peut atteindre à la main un homme de taille ordinaire».

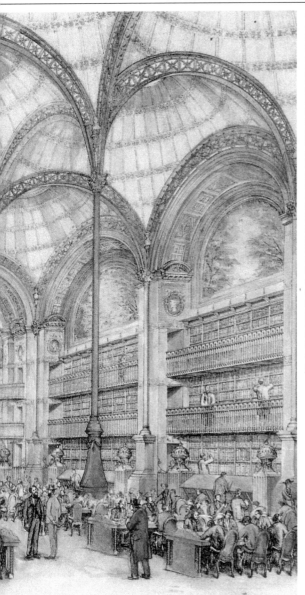

Labrouste a donné à la salle de travail, alors salle de lecture des Imprimés, un plan de type basilical. De part et d'autre d'une large allée conduisant au bureau où se tient le bibliothécaire qui officie, de larges rangées de tables peuvent accueillir 360 lecteurs. L'abside en forme d'hémicycle, la couverture de coupoles concourent à donner à l'ensemble une atmosphère de recueillement propice à la réflexion du chercheur. Chaque place était numérotée, munie d'un encrier et d'une écritoire destinée à recevoir les crayons et les plumes. Le chauffage était assuré par des poêles en fonte, que l'on distingue sur le pourtour, et par des radiateurs à eau chaude, servant en même temps de repose-pied.

million de volumes. Labrouste y applique « pour la première fois l'idée de concentration et de centralisation absolue des magasins de livres avec essai de liaisons verticales rapides », remarquera plus tard l'architecte Roux-Spitz.

Les autres départements bénéficient indirectement des travaux. Dès 1854, les Estampes ont été installées dans la galerie Mansart et en 1865 c'est au tour du Cabinet des Médailles, dans les nouveaux bâtiments de la rue de Richelieu.

## Le lancement des grands catalogues

L'autre débat qui agite alors les bibliothécaires et qui traduit le mécontentement des lecteurs porte sur la confection des catalogues. Pour une bonne partie du fonds, il fallait encore s'adresser aux conservateurs pour connaître l'existence et la cote d'un ouvrage. Le retard de la Bibliothèque sur ce point était depuis longtemps un objet de scandale, malgré de fréquentes résolutions. Un conservateur pouvait écrire en 1847 : « Il reste à faire ce qui restait en 1754, en 1784, en 1828, en 1832, en 1837 et en 1840 : le catalogue de tous les livres imprimés de la Bibliothèque du Roi. »

La galerie Mansart a été bâtie par le célèbre architecte entre 1644 et 1646. Elle resta dans son état primitif jusqu'au début du XVIIIᵉ siècle. En 1724, elle fut occupée par la Bourse, puis par le Trésor public. Rendue à la Bibliothèque en 1828, elle fut affectée aux collections de géographie puis au Cabinet des Estampes en 1854 (ci-dessus), servant à la fois de salle de lecture et de magasin.

Le débat porte sur sa forme : doit-il être rédigé par ordre de matières, ce qui permet une présentation méthodique et rationnelle, ou par ordre alphabétique d'auteurs ? Ces catalogues doivent-ils être imprimés, au risque d'être rapidement périmés, ou doit-on les laisser sur fiches ? Savants, bibliothécaires et hommes politiques ont du mal à se mettre d'accord.

La nomination de Jules Taschereau comme administrateur, précédemment chargé de la rédaction des catalogues, souligne en 1852 la volonté des pouvoirs publics d'en finir avec cette querelle qui dure depuis plusieurs dizaines d'années. On opte d'abord pour l'impression de catalogues méthodiques. Paraissent successivement ceux de l'*Histoire de France* puis des *Sciences médicales*.

### Léopold Delisle

Conservateur au département des Manuscrits, dont il a écrit une magistrale histoire, puis administrateur général de 1874 à 1905, il donne à la Bibliothèque des impulsions décisives, introduisant notamment un nouvel ordre dans le classement des ouvrages. Jusqu'ici on insérait les nouveaux livres sur les rayons en les disposant dans un ordre de matières très raffiné, identique à celui adopté dans les catalogues, ce qui obligeait à d'incessants mouvements de collections. Delisle décide de clore les séries existantes et d'ouvrir, à compter du 1er janvier 1875, de nouvelles séries où les ouvrages seront rangés dans l'ordre de leur arrivée. La publication de catalogues par matières, longue et coûteuse, est suspendue. La priorité est donnée à la confection d'un *Catalogue général des livres imprimés* par ordre alphabétique. Le premier volume est publié en 1897. Mais cette entreprise n'a été achevée qu'en 1981 (pour les ouvrages entrés avant 1960). La seconde partie, consacrée aux ouvrages anonymes, est maintenant poursuivie informatiquement.

Les catalogues imprimés des grandes bibliothèques sont de véritables travaux scientifiques, monuments qui suscitent l'admiration. Le *Catalogue général des livres imprimés* (section auteurs, ci-dessus) n'en est qu'un parmi les nombreux réalisés par la Bibliothèque nationale :

85 ans de travail, 231 volumes et plus de 2,5 millions de notices. Mais leur coût élevé et les possibilités qu'offre l'informatique ont marqué la fin de ce type d'entreprise.

C'est également à Léopold Delisle que l'on doit la conquête complète du quadrilatère Richelieu. Tandis que le département des Manuscrits s'installe dans ses locaux actuels, les habitations vétustes et dangereuses qui étaient situées à l'angle des rues Vivienne et Colbert sont rachetées et démolies. Sur leur emplacement débute la construction, qui traînera en longueur, de la salle Ovale, confiée à l'architecte Pascal, successeur de Labrouste. Elle est d'abord destinée à remplacer la salle Publique, mais la fréquentation de celle-ci étant tombée en désuétude, elle sera consacrée, après son achèvement en 1935, à la consultation des périodiques.

L'actuelle salle de travail du département des Manuscrits (ci-dessus) conserve encore une disposition et des éléments de mobilier qui rappellent les galeries de la Bibliothèque telles qu'elles étaient au XVIIIᵉ siècle.

### Le temps de la pénurie

L'ouverture des nouveaux locaux pour le Cabinet des Médailles (1917) est le seul événement marquant des premières décennies du XXᵉ siècle, dominées par des difficultés de tous ordres. Labrouste n'avait donné au magasin central qu'une capacité d'un million de volumes environ. Or, bien avant 1930, les collections d'imprimés dépassent les trois millions ! L'installation

des rayonnages intercalaires ne résout pas cette crise du logement : les livres doivent être placés sur plusieurs rangs, ce qui n'accélère par leur service, au grand désespoir des lecteurs.

L'arrivée de l'électricité dans la salle de travail en 1924 permet d'y prolonger les séances jusqu'à 18 heures, mais les magasins doivent attendre encore plusieurs années, et les monte-charge continuer d'être manœuvrés à bras d'homme. Les conditions de travail y sont difficiles : «Les basses températures qui y règnent, pendant plusieurs mois, éprouvent la santé de nos gardiens», constate un rapport de 1926, tandis qu'un autre déplore déjà que «le centre de Paris soit saturé d'une poussière qui envahit notre bibliothèque chaque jour davantage».

## Des accroissements de qualité inégale

La pénurie financière se traduit dans bien des domaines, la reliure notamment, et dans le rythme des acquisitions. Les crédits sont régulièrement dénoncés comme «insuffisants pour maintenir la Bibliothèque à la hauteur de son glorieux passé et de

Plus encore que les livres peut-être, l'extraordinaire développement de la presse écrite au XIXe et dans la première moitié du XXe siècle constitue un défi sans précédent pour une bibliothèque qui a l'ambition de tout conserver. La spécificité du traitement et de la conservation de ce type de documents a conduit à la création d'une section particulière (ci-dessus, la salle Ovale du département des Périodiques, 1936-1998) au sein de la plupart des grandes bibliothèques.

ses devoirs permanents, à son rang parmi les bibliothèques rivales des deux mondes», note un rapport de 1913.

Le dépôt légal ne donne pas toujours non plus, du moins jusqu'à la réforme de 1925, satisfaction. Ainsi aux Estampes, «en dehors de quelques recueils de reproductions, qui présentent parfois un grand intérêt documentaire», il ne fait entrer «que des images de piété, des fragments de films cinématographiques et une encombrante imagerie de publicité. Il n'y a pas dans le dépôt légal de 1912 une seule estampe originale digne d'entrer dans une collection d'objets d'art».

Cette «photo de famille» du personnel de l'établissement réuni autour de l'Administrateur général (ici Léopold Delisle) ne serait plus possible aujourd'hui : de 239 avant 1914, l'effectif est passé à près de 2 700!

Heureusement, il reste les dons! Des séries exceptionnelles continuent de rejoindre le fonds de la Bibliothèque. Tous les départements en profitent. Les Médailles : en 1862, la collection de vases antiques et de monnaies du duc Albert de Luynes; les Estampes : en 1854, la collection de Bure (soixante-cinq mille portraits) et en 1863, la collection Hennin (documents sur l'histoire de France); les Imprimés : la collection La Bédoyère sur la Révolution. Le département des Manuscrits bénéficie de l'exemple donné par Victor Hugo dans un testament resté célèbre : «Je donne tous mes manuscrits et tout ce qui sera trouvé écrit ou dessiné par moi à la Bibliothèque nationale de Paris qui sera un jour la Bibliothèque des Etats unis d'Europe.» De nombreux écrivains suivront son exemple.

Pendant les trente-quatre années qu'il consacra aux bibliothèques, Julien Cain (à droite) s'attacha avec succès à «maintenir un équilibre réfléchi entre les valeurs du passé et la volonté de répondre aux exigences du monde moderne».

## Les limites de l'extension sur place

Au-dessus, en dessous, à l'est, à l'ouest, la Bibliothèque n'a jamais cessé de chercher de la place et d'en manquer. Julien Cain, Administrateur général de 1930 à 1964, lance un vaste programme de travaux dont la réalisation, un moment retardée par la Seconde Guerre mondiale, est confiée à l'architecte Michel Roux-Spitz (auquel succède André Chatelin en 1955) et qui donneront à l'établissement le visage qu'il arborera jusqu'en 1998. Sans que la communication soit interrompue, l'ensemble des départements en bénéficie et le nombre des salles de travail passe de six à onze : – aux Imprimés, ouverture d'une salle spécifique pour la Réserve et de la salle des Catalogues, construction du sous-sol et surélévation des magasins permettant d'en doubler la capacité ; – aux Estampes, construction d'un vaste dépôt et d'une salle de travail (1946), ce qui permet la restauration de la galerie Mansart désormais consacrée aux expositions ; – aux Cartes et Plans, nouveaux locaux (magasins et salle de lecture) dans la partie centrale de l'hôtel Tubeuf (1954) ;

Le bibliothécaire de la Réserve à sa table de travail dans la galerie en 1902. Les collections de la Réserve ont occupé cet emplacement le long de la rue Richelieu, de sa naissance, il y a près de deux siècles, jusqu'en 1998.

– aux Périodiques, aménagement des magasins;
– aux Manuscrits, extension des magasins et
ouverture d'une salle de communication pour les
manuscrits orientaux;
– construction d'un dépôt annexe à Versailles, suivi
par deux autres après la guerre.

### Conserver pour communiquer

Une bibliothèque nationale qui bénéficie du dépôt
légal doit assurer la conservation des documents qui
lui sont confiés. Elle doit aussi les mettre à la
disposition de ses lecteurs dans les meilleures
conditions possibles. Ce programme, simple en
apparence, se heurte aux limites qu'impose le support
même de la majorité des documents qui y sont
conservés, par nature périssables et menacés par les
manipulations. Chaque département, dès le
XIXᵉ siècle, a isolé ses documents les plus rares et les
plus précieux dans une «réserve» où toute
consultation doit être dûment justifiée.

La restauration des pièces détériorées par le temps
ou l'usage a permis la transmission jusqu'à nos

En 1985, pour le
centenaire de la
mort de Victor Hugo,
les ateliers de
restauration ont
effectué un travail
exemplaire sur ses
dessins (ci-dessous,
avant et après
restauration) souvent
détériorés par l'acidité
des papiers et la nature
des encres qu'avait
utilisées l'écrivain,
et dont la composition
avait varié dans
le temps. Chaque
document a nécessité
un traitement
particulier et
minutieux, dont
les principales étapes
sont la
désacidification,
la restauration et le
doublage des papiers.

jours de millions de documents, dont un grand nombre de chefs-d'œuvre. Mais ces mesures ne suffisent plus. Le changement du mode de fabrication des papiers à partir des années 1850 compromet leur conservation. La pâte de bois, qui a remplacé le chiffon, les rend acides, puis cassants, les conduisant à une inéluctable destruction. La Bibliothèque nationale, comme la plupart des grandes bibliothèques étrangères, doit prendre des mesures de protection. Le Plan de sauvegarde des collections, lancé en 1979, après avoir évalué l'étendue de la menace (près d'un million d'ouvrages imprimés, plus de deux millions d'estampes, etc.), prévoit la reproduction et le traitement, dans les deux centres spécialisés de Sablé et de Provins, de l'ensemble des documents menacés. Les modes de communication évoluent : le recours à des substituts est de plus en plus courant. Les microformes – microfilms et microfiches –, la photographie, le vidéodisque, vite dépassé, la numérisation ensuite, qui permettent de préserver l'original, font partie de la vie quotidienne des bibliothèques qui ont mission de conservation.

Sur le dos de chaque livre, avant qu'il ne rejoigne sa place sur les rayonnages, est collée une étiquette où est reportée, à l'encre, sa «cote» : l'indication du format, une ou plusieurs lettres de l'alphabet désignant dans quel domaine l'ouvrage se range et un numéro d'ordre.

### Le dépôt légal, une «boulimie»?

Supprimé sous la Révolution au nom de la liberté, rétabli en 1793 pour protéger la propriété littéraire, réorganisé en 1810 pour surveiller l'imprimerie, bouleversé en 1925 par l'introduction du double dépôt imprimeur/éditeur qui en a accru l'efficacité, le dépôt légal a longtemps été régi par la loi du 21 juin 1943, puis par la loi du 20 juin 1992, complétée par le décret du 31 décembre 1993 révisé le 13 juin 2006. Il a été adapté à la production actuelle, notamment à la diffusion de contenus en ligne, par la loi du 1er août 2006 relative aux droits d'auteur et aux droits voisins dans la société de

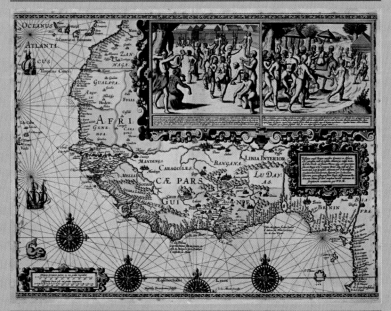

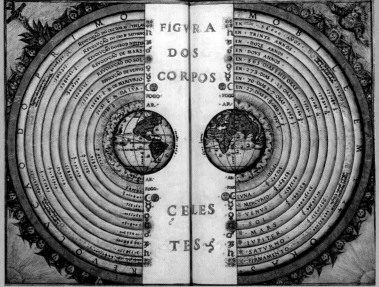

## Le département des Cartes et Plans

L e département des Cartes et Plans, qui continue de s'enrichir par le dépôt légal des cartes, conserve des documents très variés : atlas, plans, cartes manuscrites ou imprimés, globes terrestres et célestes, astrolabes, etc. En haut, à gauche : carte de la «côte de Guinée», par Carolus Allard, vers 1700. En bas, à gauche : représentation de corps célestes, par Bartolomeo Velho (1568). Ci-contre, portulan vénitien de la mer Egée (1624). Ci-dessous, sphère armillaire selon le système de Ptolémée.

COPPELIA

BUFF[O]
[C]OL...

## Le département des Arts du spectacle

L e département des Arts du spectacle regroupe des documents très divers sur la production théâtrale, venant de metteurs en scène, de comédiens, d'auteurs ou de collectionneurs. Page de gauche, affiche pour *Knock* de Jules Romains; ci-contre à gauche maquette de costume pour l'automate-bouffon dans *Coppélia*, ballet de Léo Delibes en 1945; en bas à gauche, maquette de décor pour *Le Corsaire* de Marcel Achard en 1938; en bas à droite maquette de costume pour *Ondine* de Giraudoux en 1939. Ci-dessus, maquette de costume pour *Intermezzo* de Giraudoux en 1933.

## Le département de la Musique et de l'Audiovisuel

Les collections des départements de la Musique et de l'Audiovisuel se complètent : les sources (partitions, manuscrits), la documentation (livres, revues, affiches, programmes, etc.) d'un côté, les enregistrements sonores et les appareils de lecture de l'autre. A gauche, des phonographes et une boîte à musique ; ci-contre, en haut, le manuscrit de l'ouverture du *Don Giovanni* de Mozart (1787-1788).

l'information. Le dépôt légal s'applique aux « documents imprimés ou graphiques de toute nature, notamment les livres, périodiques, brochures, estampes, gravures, cartes postales, affiches, cartes, plans, globes et atlas géographiques, partitions musicales, chorégraphies, ainsi que les documents photographiques quels que soient leur support matériel et procédé technique de production, édition ou diffusion ». L'éditeur doit déposer, au plus tard le jour de la mise en vente du document, deux exemplaires à la Bibliothèque nationale de France pour les documents édités à plus de trois cent exemplaires (un seul pour les petits tirages). De son côté, l'imprimeur doit déposer un exemplaire du document, à la BnF pour les imprimeurs localisés en Ile-de-France, aux bibliothèques habilitées pour les imprimeurs localisés en région.

Le fonctionnement du dépôt légal a connu une amélioration continue depuis le début du XIXe siècle. L'essor de la production imprimée se traduit dans les chiffres : trois cent quatre-vingt-dix ouvrages déposés en 1780, douze mille quatre cent quatorze en 1880, et soixante et un mille sept cent soixante et un en 2005 ! La presse périodique a suivi une évolution encore plus spectaculaire.

## Des documents d'un type nouveau

Le dépôt légal a été étendu aux documents audiovisuels au fur et à mesure de leur apparition. La photographie commence à être déposée dès 1851, mais ce n'est qu'après 1945 que sa place sera pleinement reconnue. L'entrée des documents sonores et d'images animées est aussi laborieuse. Si la loi de 1925 prévoit le dépôt légal pour « les œuvres cinématographiques, phonographiques », il faut attendre la création de la Phonothèque nationale en 1938 (rattachée à la Bibliothèque nationale en 1976) pour qu'elle soit réellement appliquée aux phonogrammes et le décret du 30 juillet 1975 pour qu'elle prenne en compte les vidéogrammes et « les œuvres audiovisuelles

« **L** a bibliothèque nationale d'un pays est celle qui est chargée de rassembler et de conserver pour les générations futures tous les écrits produits dans ce pays. » Le système du dépôt légal, inauguré en France et adopté par la plupart des autres nations, permet aujourd'hui de mener à bien cette mission.

**C** e n'est que tardivement que les phonogrammes de l'audiovisuel sont entrés à la Bibliothèque nationale de France. L'initiative de la conservation des documents sonores revient à Ferdinand Brunot qui, le 3 juin 1911, créa au sein de l'Université de Paris le premier laboratoire d'enregistrement officiel, les Archives de la parole.

intégrées, dites multimédia ». Depuis 1992, les progiciels, bases de données, systèmes experts et « autres produits de l'intelligence artificielle » mis à la disposition du public, doivent aussi faire l'objet d'un dépôt. La loi du 1er août 2006 étend le dépôt légal aux « signes, signaux, écrits, images, sons ou message de toute nature faisant l'objet d'une communication au public par voie électronique ».

## Une organisation administrative reflétant la diversité des collections

C'est au total six nouveaux départements de conservation qui sont venus s'ajouter, depuis le début du XIXe siècle, aux quatre créés en 1720 par l'abbé Bignon, pour répondre à la spécificité d'un type de document ou d'un ensemble documentaire réuni autour d'un thème. Le département des Cartes et Plans, créé une première fois en 1828 à l'initiative d'Edme-François Jomard, n'a acquis sa pleine autonomie qu'en 1942. Ses collections ont été longtemps partagées entre Imprimés et Estampes. Le département des Périodiques, qui conserve et communique les

Les magasins des Livres imprimés comptaient 11 niveaux et 120 kilomètres de rayonnages. Chaque jour, les lecteurs émettaient plus de 2.000 demandes d'ouvrages, qui étaient réparties par ce système (ci-dessus) de cartouches voyageant dans des tubes pneumatiques. Toutefois, le travail du magasinier dans une bibliothèque ne se résume pas à la communication des ouvrages. Nettoyage et entretien des reliures, petites réparations, mise en ordre des livres sur les rayons, estampillage, étiquetage nécessitent un personnel nombreux et qualifié.

collections de journaux, est créé en 1945, pour reconnaître la spécificité du traitement, du stockage et de la consultation de ce type de document. Le département de la Musique, inauguré en 1942, regroupe des fonds (imprimés, partitions, estampes, manuscrits) venant de la Bibliothèque nationale de France et de celle du Conservatoire. La Bibliothèque de l'Opéra de Paris lui est aussi rattachée. Le département de la Phonothèque et de l'Audiovisuel est institué en 1976 à partir des collections de la Phonothèque nationale, qui avait recueilli les Archives de la parole créées en 1911. Le département des Arts du spectacle a été ouvert grâce au don fait à l'Etat en 1920 par le collectionneur Auguste Rondel d'une exceptionnelle documentation relative aux spectacles et au théâtre. Avant d'être transféré dans le quadrilatère Richelieu en 2004, il a été abrité par la bibliothèque de l'Arsenal qui, rattachée à la Bibliothèque nationale de France depuis 1935, conserve de remarquables collections de livres et de manuscrits.

## Ultimes agrandissements

La fin des travaux menés par Julien Cain marque une étape ; pour s'agrandir, la Bibliothèque doit déborder

Jomard (1777-1862) voyait deux causes à «l'ignorance de la plus grande partie de la population française en matière de géographie. [...] D'abord elle est enseignée de manière imparfaite. [...] C'est surtout le manque de cartes qui est dans nos écoles le vice capital. [...] Une autre cause de l'imperfection de la science est qu'on ne trouve pas en France un dépôt général de productions géographiques. [...] Utilité politique, intérêt des lettres, avantage du commerce, que de motifs pour que la faveur publique environne le nouveau département scientifique...» Ci-dessus, le département des Cartes et Plans.

de son quadrilatère. La Phonothèque et la Musique sont abritées par un immeuble neuf à l'angle des rues Richelieu et Louvois. Dans un ensemble de bâtiments rue Vivienne, rénovés en 1985, sont installés, sur plus de dix-sept mille mètres carrés, des services techniques et des galeries d'exposition, dernière bouffée d'oxygène donnée aux magasins saturés du vieux quadrilatère.

## Un remède à tous les maux... ou presque ?

L'entrée de l'informatique à la Bibliothèque, dans les années quatre-vingts, est la source de grandes améliorations. Le catalogue, qui restait son talon d'Achille, est sauvé par la création de la base de données bibliographiques BN Opale Plus. Les notices des ouvrages y sont accessibles dès leur traitement par les services de catalogage. La querelle des catalogues sur fiches ou imprimés, par matières ou par auteurs, est dépassée. Le lecteur voit enfin se réaliser le rêve, commencé sous la Révolution, d'un catalogue unique et exhaustif. Grâce à l'accès à distance, le catalogue sort des murs de la Bibliothèque.

L'informatique participe de la vie quotidienne des bibliothèques, notamment de celle des départements de la Bibliothèque nationale de France. Ci-dessous, plan du « quadrilatère Richelieu » avant le déménagement sur le site de Tolbiac.

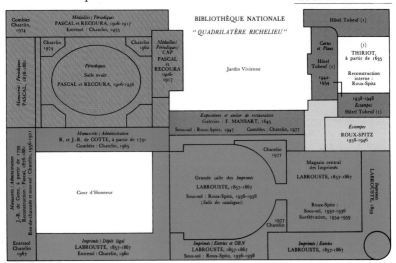

La Bibliothèque au cœur de son quartier : cette vue aérienne prise depuis l'angle sud-ouest permet de retracer quelques étapes des agrandissements de la « B.N. » et de constater que les limites de l'extension sur place ont été atteintes. La construction d'annexes à Versailles et la décentralisation d'activités de reproduction (Sablé, Provins) n'ont pas résolu le problème du stockage. Mais le départ de la totalité des livres et des périodiques vers la Bibliothèque nationale de France sur le site de Tolbiac a permis aux départements restants de redéployer leurs collections sans craindre une asphyxie proche.

Comme la plupart de ses sœurs à travers le monde, la Bibliothèque nationale, à la fin du XX$^e$ siècle, manque de place pour abriter des collections en accroissement continu. A Londres, Tokyo ou Francfort, de nouveaux bâtiments tentent de répondre à ce défi. Audace architecturale et élargissement des fonctions caractérisent le projet parisien.

CHAPITRE IV

# DE LA BIBLIOTHÈQUE NATIONALE À LA BIBLIOTHÈQUE NATIONALE DE FRANCE

De Henri Labrouste (à gauche) à Dominique Perrault (à droite), de la rive droite à la rive gauche, la Bibliothèque nationale a vécu dans les années 1990 le plus grand bouleversement de son histoire. Elle est devenue la Bibliothèque nationale de France, une bibliothèque sur deux sites principaux, Richelieu et François-Mitterrand.

En moins d'un demi-siècle, le paysage des bibliothèques dans le monde change de façon spectaculaire. La France participe à ce mouvement, modernise son réseau, l'ouvre à un public sans cesse plus large, comme le souligne le développement des bibliothèques municipales et départementales.

## La bibliothèque publique d'information

Il manquait cependant une grande bibliothèque publique à Paris. Dès l'annonce du transfert du Marché de Paris à Rungis en 1959, Julien Cain, tandis qu'il occupait la double fonction d'administrateur général de la Bibliothèque nationale et de directeur des bibliothèques, avait demandé, le premier, que l'on prévoie des salles de lecture aux Halles. Son successeur, Etienne Dennery, nommé en 1964, s'attachera à la réalisation du projet dont il confie la direction à Jean-Pierre Seguin, conservateur à la Bibliothèque nationale. L'enjeu est de taille. Il s'agit

La Bibliothèque publique d'information, installée dans le Centre Pompidou (ci-dessus), symbolise le très grand effort de modernisation des bibliothèques accompli par la France après 1945. La BPI (page de droite, en bas), accessible à tous, gratuitement, sans formalités, six jours sur sept dont le dimanche, jusqu'à 22 heures, accueille plus de 12 000 visiteurs par jour.

de décongestionner le quadrilatère Richelieu, en créant des salles supplémentaires pas trop éloignées.

La presse accueille le projet avec enthousiasme. Dès 1966, commence l'extraordinaire aventure de la bibliothèque des Halles, que l'on décide d'implanter sur le plateau Beaubourg, à l'endroit même où Georges Pompidou veut construire un centre d'art moderne. Fin 1969, le président, d'abord réservé, se laisse convaincre : la Bibliothèque fait désormais partie du centre. L'objectif est d'« offrir à tous et le plus possible en libre accès, un choix constamment tenu à jour des collections françaises et étrangères ».

Le projet architectural retenu en 1971 pour le centre Georges-Pompidou, celui de Piano, Rogers et Franchini, a le mérite de la simplicité et de la flexibilité, même si son imposante structure résolument moderne au cœur de Paris en choque plus d'un.

A son ouverture en février 1977, la Bibliothèque publique d'information (BPI) dispose de deux cent soixante-dix mille volumes, de deux mille deux cent soixante-dix abonnements de périodiques, de dix mille cinq cents documents sonores, de films, de vidéocassettes, de cartes géographiques…

Le succès est immédiat. On y dépasse largement les prévisions de quatre mille visiteurs par jour (jusqu'à douze mille dans les premières années). Ouverte à un large public, sans titre d'accès, la BPI accueille majoritairement des étudiants. Elle offre cet espace de lecture qui manquait à Paris, mais ne comble pas à elle seule l'insuffisance des bibliothèques universitaires et ne soulage pas la Bibliothèque nationale, qui se retrouve toujours confrontée à ses problèmes de fréquentation.

**"**Je voudrais passionnément que Paris possède un centre culturel [...] qui soit à la fois un musée et un centre de création où les arts plastiques voisineraient avec la musique, le cinéma, les livres, la recherche audiovisuelle. La bibliothèque attirerait des milliers de lecteurs qui du même coup seraient en contact avec les arts.**"**
Georges Pompidou, président de la République, *Le Monde*, 17 octobre 1972

## Les années 1980

En 1981, la Bibliothèque nationale passe de la tutelle du ministère de l'Education nationale à celle du ministère de la Culture.

Elle se concentre alors sur deux objectifs prioritaires : la sauvegarde de ses collections et l'informatisation de ses catalogues. En dehors de ces deux missions vitales, elle doit à nouveau faire face à des problèmes de place pour les collections de livres et de périodiques qui avancent à raison de trois kilomètres de rayonnage par an.

La presse dresse un constat alarmiste de la situation des bibliothèques. La revue *Le Débat* lance la polémique, en recueillant les avis les plus divers.

L'établissement ne suit pas le mouvement des bibliothèques publiques. Confiné dans une certaine morosité, il ne soigne pas assez son image de marque, si bien qu'on ne le connaît plus que pour l'insuffisance de ses crédits, la pluie qui tombe sur ses collections ou le mécontentement de ses lecteurs. C'est dans ce contexte qu'intervient en 1987 le rapport Beck qui dresse un constat sévère de la situation et a le mérite de servir de détonateur. Les réflexions qui s'ensuivent aboutissent au projet de Bibliothèque nationale «bis» annoncé par François Léotard, ministre de la Culture, en avril 1988. Dans l'intervalle, l'historien Emmanuel Le Roy Ladurie a succédé comme administrateur général à André Miquel, spécialiste de la langue et de la littérature arabes.

### La «Très Grande Bibliothèque»

Le 14 juillet 1988, lors de son traditionnel entretien télévisé dans le parc de l'Elysée, le président de la République François Mitterrand annonce «la construction et l'aménagement de l'une ou de la plus grande et de la plus moderne bibliothèque du monde». Ce projet, arrêté dans le secret le plus total, surprend le grand public tout comme le cercle d'initiés – bibliothécaires et lecteurs –, qui ne comprennent pas très bien s'il concerne ou non la Bibliothèque nationale.

En tout cas, le projet de Bibliothèque nationale «bis» est largement dépassé. Dans les articles consacrés à l'annonce de la «grande bibliothèque», chacun rappelle qu'il faut, de manière urgente, régler le problème de la Bibliothèque nationale et celui des bibliothèques universitaires, dont les insuffisances rejaillissent sur la première.

Patrice Cahart, directeur de la Monnaie et Michel Melot, directeur de la Bibliothèque publique d'information, sont chargés de remettre un rapport pour le 30 novembre 1988. Les termes exacts de la déclaration présidentielle sont repris dans la lettre de mission : «Cette grande bibliothèque devra couvrir tous les champs de la connaissance, être à la disposition de tous, utiliser les technologies les plus modernes de transmission de données, pouvoir être consultée à distance et entrer en relation avec d'autres bibliothèques européennes.»

L'inflation de l'imprimé après la Seconde Guerre mondiale provoque un engorgement des magasins (ci-dessous) de la Bibliothèque nationale. La surélévation du magasin central, à la fin des années 1950, s'est révélée rapidement insuffisante.

Le rondeau que feist
ledit Villon quant
il fut iugie

Je suis francois dont ce me poise
Ne de paris empres pontoise
Qui dune corde dune toise
Saura mon col que mon cul poise

Epitaphe dudit Villon
Freres humains qui apres no⁹ viues
Nayez les cueurs contre no⁹ endurcis
Car se pitie de no⁹ pouures auez
Dieu en aura plustost de vous mercis
Vous nous voies cy ataches cinq six
Quãt de la chair q̃ trop auõs nourrie
Elle est pieca deuouree et pourrie
et no⁹ les os deuenõs cẽdres z pouldre
De noftre mal personne ne sen rie
Mais priez dieu que tous nous veuil-
le absouldre              g iii.

LE TARTUFFE
ou L'imposteur

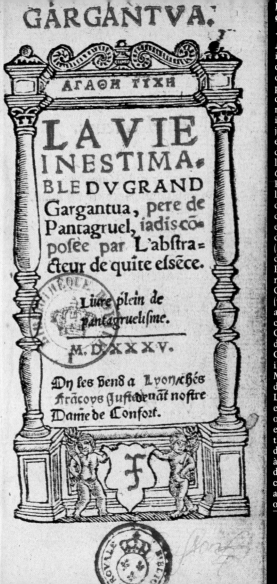

LA VIE INESTIMABLE DV GRAND Gargantua, pere de Pantagruel, iadis cõposée par L'abstracteur de quite elsêce.

ΑΓΑΘΗ ΤΥΧΗ

Liure plein de pantagruelisme.

M.D.XXXV.

On les bend a Lyon, chés fracoys guftemãt nostre Dame de Confort.

PHIL. BEROALDI
BONONIEN.
VARIA OPVSCV
LA

Viens ma tendresse est la régente
De la floraison qui paraît
La nature est belle et touchante
Pan sifflote dans la forêt
Les grenouilles humides chantent

Alors que le sigle TGB – pour «très grande bibliothèque» – s'impose pour longtemps dans l'opinion publique, les rapporteurs suggèrent l'appellation de Bibliothèque de France. Ils proposent de multiplier par six la capacité d'accueil de la Bibliothèque nationale, un élargissement de la politique d'acquisition d'ouvrages étrangers et le transfert partiel des collections d'imprimés sur le nouveau site. Le rapport contient bien d'autres observations et propositions sur l'audiovisuel, les nouvelles technologies, la communication à distance. Mais, de la grande bibliothèque «futuriste» envisagée, on ne retient généralement que deux éléments, le site, pour lequel plusieurs emplacements sont proposés tant à Paris qu'en banlieue et même en province, et la césure chronologique des collections de la Bibliothèque nationale : 1900, 1945 ou 1960?

Une association de préfiguration est créée, présidée par Dominique Jamet, journaliste et écrivain, afin d'établir un programme détaillé. Le programme proposé aux architectes prévoit alors quatre salles de lecture : information, étude (libre accès), recherche, image et son, en bordure de la Seine, sur le site de Tolbiac dans le XIIIᵉ arrondissement.

### Quatre livres ouverts

Tandis que se prépare le concours, éclate une polémique sur la date avancée, 1945, pour la coupure des collections. Dans les milieux intellectuels et chez les lecteurs, c'est un tollé. La revue *Le Débat* se fait l'écho de cette contestation.

Parmi les projets présentés au concours international, celui de l'équipe de Future Systems (Grande-Bretagne) se réclame d'Henri Labrouste et propose une coquille ouverte «telle la couverture d'un livre articulée sur deux immenses pages de verre» (en bas, à gauche). Le projet du Britannique James Stirling est aussi retenu. Il propose une série de bâtiments indépendants, placés autour d'un jardin public descendant vers la Seine. Cette disposition vise à «donner à chacune des bibliothèques sa propre identité» et à éviter une «atmosphère kafkaïenne».

Le projet de Herman Hertzberger (Pays-Bas) s'inspire de la bibliothèque Sainte-Geneviève et du Grand-Palais. Il prévoit l'éloignement des collections dans un silo à livres. Son projet (ci-dessus) est mentionné.

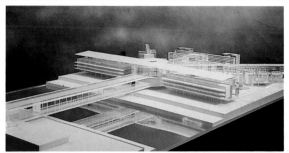

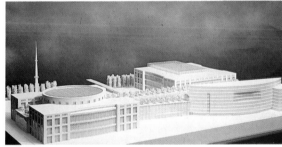

Jean Nouvel (France), dont le projet est mentionné (ci-contre, en haut), envisage une bibliothèque en forme d'arbre, symbole du savoir. «Une bibliothèque n'est ni ronde ni carrée, ni pyramidale. [...] Elle est un arbre de vie.» Ricardo Bofill (France) présente «deux bâtiments carrés à la fois identiques et différents, unis par les mêmes rapports géométriques, mais individuellement identifiables» (ci-contre, en bas).

Dominique Perrault (ci-dessous) évoque son projet : «Avec ses quatre tours d'angle comme quatre livres ouverts se faisant face et qui délimitent un lieu symbolique, la Bibliothèque de France, lieu mythique, marque sa présence et son identité à l'échelle de la ville...»

Dans le *Nouvel Observateur*, Jacques Julliard conjure le président de la République de «transporter l'ensemble de l'imprimé à Tolbiac». Deux cent cinquante candidats adressent un dossier en vue du «concours international d'idées». Le jury international, présidé par I. M. Peï, l'architecte du Grand Louvre, sélectionne quatre candidats, parmi lesquels le président de la République choisit Dominique Perrault, un jeune français de trente-six ans, inconnu du grand public. Il propose une maquette à la fois simple et audacieuse en forme de quatre livres ouverts.

Le 21 août 1989, la future bibliothèque est présentée à la presse par le ministre de la Culture, Jack Lang, qui annonce le transfert de la totalité des imprimés de la Bibliothèque nationale, soit dix millions de volumes.

## Une polémique chasse l'autre

La question de la capacité de la
nouvelle bibliothèque se pose
alors. Aura-t-on une place
suffisante alors que le projet
initial ne prévoyait que trois
millions de volumes? On évoque
la possibilité d'un silo non loin
de Paris qui pourrait abriter les
livres les moins communiqués.
Nouvelle frayeur pour les

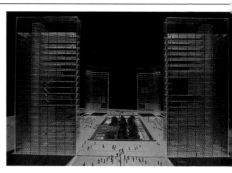

lecteurs qui rejettent en bloc la «politique de
l'audimat». Pendant ce temps-là, la Bibliothèque
de France, devenue, pour la durée des travaux,
établissement public constructeur sous la présidence
de Dominique Jamet, travaille de concert avec de
nombreux chercheurs, lecteurs et professionnels,
y compris ceux de la Bibliothèque nationale.

Si les relations se resserrent entre les deux
établissements, le programme reste flou. Le président
de la République, qui s'intéresse personnellement au

A part ses quatre
tours, la majeure
partie de la
bibliothèque est
enterrée. Près d'un
million de mètres
cubes de terre devront
être évacués avant
le début de la
construction (ci-dessus,
la maquette de
Dominique Perrault).

projet, décide de le recentrer : «Cette bibliothèque est construite pour deux publics également intéressants mais bien distincts, celui des chercheurs et celui de tous les lecteurs.» Cette intervention rassure la communauté scientifique qui redoutait d'être noyée dans l'ensemble des utilisateurs et offre une garantie au grand public dont la présence est clairement confirmée. Elle se traduit, dans le projet, par une séparation plus nette entre les deux niveaux du bâtiment.

Un site de plus de sept hectares et 1 300 mètres de périmètre, un jardin central de 12 000 mètres carrés, 350 000 mètres carrés de surface dont 200 000 utiles, des tours de 79 mètres de haut, 170 000 mètres cubes

L'économie générale du bâtiment fait l'objet de critiques variées, particulièrement les tours de verre, jugées peu compatibles avec la conservation des livres. Une centaine d'universitaires et de chercheurs français et étrangers signent derrière Georges Le Rider, ancien administrateur général de la Bibliothèque

nationale, une «lettre ouverte» au président de la République, bientôt suivis par bon nombre d'intellectuels. Dans ce contexte de défiance, le Conseil supérieur des bibliothèques, sollicité, recommande un certain nombre de modifications, sans remettre en cause l'ouverture à deux publics. Il en résulte une diminution de deux étages des tours (ainsi ramenées à soixante-dix-neuf mètres). Mais l'équipe du projet est déstabilisée, au point que Jean Gattégno, délégué scientifique depuis 1989, donne sa démission.

de béton (en bas, à gauche, l'apport de terre pour le jardin). Comme beaucoup de grandes bibliothèques, la British Library a été obligée de déménager par manque de place et de quitter le British Museum qui l'avait toujours hébergée. La nouvelle British Library (ci-dessus, le projet retenu de Colin Saint John Wilson & Partners) abrite seize millions de volumes sur une surface de 75 800 mètres carrés, dans un terrain de quatre hectares jouxtant la gare de Saint Pancras, à un kilomètre au nord du British Museum.

## Une ouverture progressive

Les années suivantes sont plus calmes. Il apparaît désormais que les collections, y compris les plus précieuses, seront conservées dans de bonnes conditions, protégées derrière la «peau de verre» des tours par des volets de bois ou stockées dans des magasins situés dans le socle du bâtiment.

Le programme arrêté en avril
1993 propose une organisation
en deux niveaux : en rez-de-
jardin, la bibliothèque de
recherche comprendra quatre
départements thématiques
– Philosophie, histoire, sciences
de l'homme et de la société;
Sciences politiques, juridiques
et économiques ; Sciences et
techniques; Littérature et Art –,
un service de recherche
bibliographique,
un département Image et son,
une Réserve des livres rares
et précieux. En haut-de-jardin,
la bibliothèque publique
de recherche, ouverte à tous,
sera composée, outre d'une
salle de lecture de la presse,
des quatre départements
thématiques correspondant
à ceux du rez-de-jardin.

Reste alors à trouver l'articulation avec la
Bibliothèque nationale. Le ministre de la Culture,
Jacques Toubon, s'appuyant sur un rapport
de Philippe Bélaval, décide la fusion des deux
établissements. Le 3 janvier 1994, est créée
la Bibliothèque nationale de France, dont
Jean Favier, après avoir longtemps dirigé les
Archives de France, devient le premier président.

Les travaux de construction se déroulent au
rythme prévu. Le 30 mars 1995, François Mitterrand
peut inaugurer, avant la fin de son mandat, celui
des Grands Travaux qui lui tenait sans doute
le plus à cœur. Quelques mois plus tard, le
17 décembre 1996, le nouveau président de
la République, Jacques Chirac, inaugure la
bibliothèque du haut-de-jardin. Elle offre mille six
cents places de lecture accessibles au grand public.
Les collections imprimées, toutes en libre accès,
atteindront rapidement trois cent cinquante mille
volumes. Elles sont complétées par des microformes,

des Cd-roms, des documents audiovisuels et multimédia, ainsi qu'un fonds d'images et de textes numérisés. Ces collections sont réparties dans dix salles de lecture permettant de couvrir toutes les disciplines.

Après le rapide – moins de deux ans – et très spectaculaire déménagement des collections conservées à Versailles (70 km de rayonnages), et à Richelieu (140 km), les salles du rez-de-jardin sont ouvertes au mois d'octobre 1998. Elles offrent aux chercheurs mille sept cents places de lecture. Sont consultables sur demande l'ensemble des collections d'imprimés, y compris celles de la Réserve des livres rares, et les collections audiovisuelles. On y trouve également d'autres collections en libre accès (plus de trois cent mille volumes) réparties dans les différentes salles de lecture. Le brusque changement d'échelle, l'ampleur du bâtiment, l'adaptation à l'informatique provoquent un démarrage difficile. Mais progressivement la Bibliothèque atteint son rythme de croisière.

Pendant son second septennat, François Mitterrand a suivi de près la construction, intervenant dans les orientations du projet et visitant plusieurs fois le chantier. Le 30 mars 1995, il inaugure le bâtiment (à gauche), en compagnie de Jacques Toubon (à sa gauche) et de Jean Favier (à sa droite). L'architecture des tours concilie esthétique et exigences de conservation. Les sept premiers niveaux sont réservés à l'administration, les étages suivants abritent les livres. Derrière la transparence du verre, une ceinture de volets fixes doublée d'une paroi de plâtre isole les espaces de stockage.

Stockage : une partie des collections est conservée dans les onze étages supérieurs de chaque tour. Les magasins de stockage, maintenus à 18 °C, sont protégés de la lumière par des panneaux fixes.

Une rue-jardin entoure le bâtiment, éclairant salles de lecture et ateliers et pouvant servir d'issue de secours.

L'Esplanade, grande comme la place de la Concorde, est conçu comme une place publique accessible de trois côtés par des emmarchements. Recouverte d'ipé, bois du Brésil, sa surface es de 60 000 mètres carré

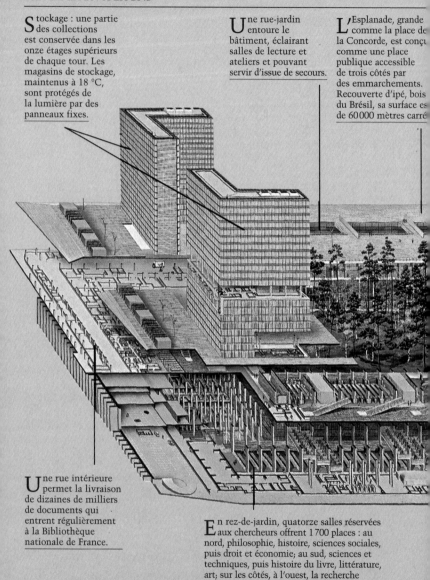

Une rue intérieure permet la livraison de dizaines de milliers de documents qui entrent régulièrement à la Bibliothèque nationale de France.

En rez-de-jardin, quatorze salles réservées aux chercheurs offrent 1 700 places : au nord, philosophie, histoire, sciences sociales, puis droit et économie ; au sud, sciences et techniques, puis histoire du livre, littérature, art ; sur les côtés, à l'ouest, la recherche bibliographique, à l'est l'audiovisuel ; en mezzanine, la Réserve des livres rares.

Le jardin de 12 000 mètres carrés est situé à 23 mètres en contrebas de l'Esplanade. Il contient des pins, des chênes rouvres, des charmes et des bouleaux. Visible des déambulatoires des deux niveaux, il n'est pas accessible au public.

Double page suivante : à gauche, une tour surplombant le jardin intérieur. A droite : dans les salles de lecture, les lecteurs disposent de très nombreuses collections en libre accès.

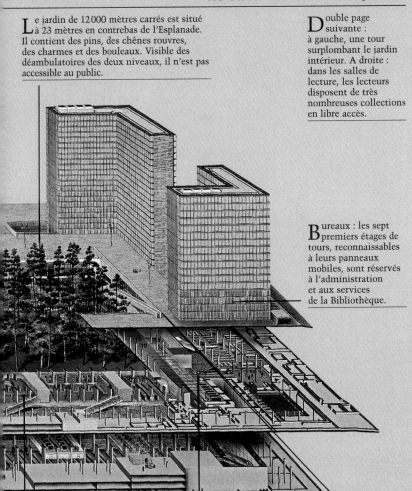

Bureaux : les sept premiers étages de tours, reconnaissables à leurs panneaux mobiles, sont réservés à l'administration et aux services de la Bibliothèque.

En haut-de-jardin, dix salles de lecture offrent au public plus de 1 600 places de consultation.

Hall Est : le public est accueilli dans deux grands halls où il peut s'informer sur les activités de la Bibliothèque : salles de lecture, expositions, auditoriums.

De l'esplanade, le public peut emprunter deux rampes d'accès pour pénétrer dans la Bibliothèque (ici, la rampe arrivant au Hall Est).

## <u>Une bibliothèque sur deux sites</u>

Les collections sont maintenant réparties
sur deux sites principaux. A Tolbiac, sont réunies
les collections imprimées et audiovisuelles. Les
documents imprimés sont désormais regroupés par
thèmes : histoire, droit, sciences et littérature, ce qui
rompt définitivement avec l'ancienne séparation entre
les monographies et les périodiques. A Richelieu, sont
maintenues les collections spécialisées, constituées
en départements de longue date : Cartes et plans,
Estampes, Manuscrits, Monnaies, Musique, rejoints
depuis la fin de 2004 par les Arts du spectacle qui ont
quitté la bibliothèque de l'Arsenal. Celle-ci, de son
côté, après avoir vu son avenir compromis, se
redéploie dans un bâtiment dont l'architecture est
progressivement remise en sécurité et en valeur.

## <u>Des services nouveaux et à grande échelle</u>

Le catalogue unique de la bibliothèque, BN Opale
Plus, entièrement informatisé, compte déjà plus de
dix millions de notices. A la description des livres,
des périodiques et des documents audiovisuels
s'ajoute celle des autres types de documents
conservés par la Bibliothèque.

   Le bilan des dix premières années de fonctionnement
du nouveau bâtiment répond aux objectifs qui lui ont
été assignés : élargissement et diversification des

L a tradition des
expositions
temporaires remonte
au XIXe siècle. On en
compte aujourd'hui
plus d'une quinzaine
chaque année.
Consacrées à des
écrivains, des
personnages
historiques, ou de
grands événements,
elles nécessitent une
savante préparation
et des précautions
particulières à cause de
la fragilité de certains
supports. Ci-dessus,
trois exemples
d'expositions récentes.
A gauche : l'exposition
«Bestiaire» (2005) a été
l'occasion de présenter
de nombreux
manuscrits enluminés
du Moyen Age. Au
centre : l'exposition
«Rouge, des costumes
de scène vus par
Christian Lacroix»,
dans les locaux de la
Bibliothèque musée de
l'Opéra. A droite,
l'exposition «Brouillons
d'écrivains».

publics (plus d'un million de lecteurs par an) et retour à l'encyclopédisme des collections (plus de soixante-dix mille volumes couvrant toutes les disciplines achetés en 2005 auxquels s'ajoutent les documents spécialisés), développement des services à distance et création d'un site web (*bnf.fr*) rencontrant un succès immédiat et sans cesse croissant. Gallica, une des toutes premières bibliothèques numériques au monde, compte déjà cent mille ouvrages et autant d'images, et a dépassé deux millions de visiteurs par an.

## Une vie culturelle foisonnante

Par ses très nombreuses expositions, tantôt monographiques, tantôt thématiques, organisées sur place ou en ligne, la BnF permet à chacun de découvrir ses collections, les plus inattendues comme les plus précieuses. Certaines ont connu ces dernières années un remarquable succès, comme par exemple celles consacrées au miniaturiste Jean Fouquet, au photographe Henri Cartier Bresson ou au Siècle des Lumières. C'est également l'occasion d'honorer les artistes qui lui confient leurs œuvres et les collectionneurs qui lui font des dons. Evidemment, la BnF prête à de grandes expositions en France et dans le monde entier.

Les collections numérisées étaient initialement destinées aux lecteurs sur place. En créant en 1997 la base Gallica accessible gratuitement sur internet, la BnF a joué un rôle de précurseur, mettant à la portée de tous des dizaines de milliers de documents patrimoniaux libres de droit. Gallica a

**gallica**
la bibliothèque numérique

Bibliothèque nationale de France

d'emblée rencontré un succès considérable et constituera le socle de la Bibliothèque numérique européenne.

Cette intense activité culturelle se traduit aussi par des conférences, organisées en cycles et portant sur tous les domaines du savoir, et animées par les meilleurs spécialistes. Colloques et activités pédagogiques contribuent à drainer un public bien plus large et plus divers que celui des seuls lecteurs.

## Un rayonnement national et international

Les missions de la BnF concernent le patrimoine de la nation tout entière. La mission de conservation du dépôt légal est maintenant partagée par un certain nombre de bibliothèques en région. De son côté, le réseau des pôles associés, mis en place dès 1994 dans une perspective de complémentarité documentaire avec les collections de la BnF, regroupe près de quatre-vingts établissements, bibliothèques et organismes français, pôles d'excellence dans leur domaine. La BnF participe à l'activité scientifique internationale, en coopérant avec de nombreuses bibliothèques, en particulier les bibliothèques nationales. Elle accueille des professionnels étrangers pour des activités de formation et d'échange, et développe une politique de coopération dans le domaine de la francophonie.

## La rénovation du site Richelieu

Dès 1983, l'historien d'art André Chastel avait proposé la création d'un Institut national d'histoire de l'art, qui fait défaut à un pays si riche en témoignages artistiques. L'idée connaît un essor rapide dès qu'est adopté le principe du transfert des Imprimés de la Bibliothèque nationale. Au début de 1990, est annoncée la décision de consacrer les locaux libérés au redéploiement des départements restants, mais aussi à l'histoire de l'art, le tout devant constituer une bibliothèque nationale des arts.

Chaque salle de lecture peut accueillir plus d'une centaine de lecteurs et met à disposition des dizaines de milliers d'ouvrages. Au niveau recherche (ci-dessus), les lecteurs peuvent consulter l'ensemble des collections patrimoniales (11 millions de documents). Si le béton et l'acier, très présents, évoquent une certaine austérité, l'utilisation du bois pour les revêtements intérieurs apporte chaleur et confort, tandis que les grandes baies vitrées donnant sur le jardin confèrent aux salles une grande luminosité.

Le maintien de l'unité de la BnF a fait ensuite évoluer le projet. Le quadrilatère historique de Richelieu abrite désormais deux pôles bien distincts mais complémentaires. L'Institut national d'histoire de l'art (INHA), inauguré en 2004, héritera de l'ancienne salle de lecture du département des Livres imprimés. Ses collections regrouperont les fonds de la Bibliothèque centrale des musées nationaux, de la bibliothèque de l'Ecole nationale supérieure des beaux-arts et de la bibliothèque d'art et d'archéologie Jacques-Doucet déjà transférée à Richelieu depuis 1993.

La BnF, de son côté, disposera de la salle Ovale (ancienne salle de lecture du département des Périodiques). Elle y proposera à un public élargi des collections encyclopédiques accordant une large place à l'image. Les départements, redéployés dans des locaux agrandis et qui vont bénéficier d'indispensables travaux de mise en sécurité, seront plus à même de faire connaître leurs prestigieuses collections, uniques au monde. Ce « chantier » de rénovation, qui n'interrompra pas durablement la vie de ces départements, s'étalera sur sept à huit ans.

Tous les savoirs du monde

Beaux livres, inventaires, catalogues d'expositions (ci-dessus, *Tous les savoirs du monde* en 1998) sont publiés par la BnF : des livres pour la science comme pour le plaisir. Ci-dessous, la salle Ovale : un nouveau pôle pour le site Richelieu.

## Quelle bibliothèque pour le XXIᵉ siècle ?

L'ouverture du site de Tolbiac, désormais appelé
François-Mitterrand, a marqué l'aboutissement du
plus grand chantier jamais entrepris en France pour les
bibliothèques. La décision, prise en 1989, de construire
une nouvelle et grande bibliothèque a fourni
l'occasion à la
Bibliothèque nationale
d'un considérable
rajeunissement tout
en restant fidèle à ses
missions traditionnelles
et a permis une
modernisation de grande
envergure : retour
à l'encyclopédisme,
développement des
nouvelles technologies
et de la coopération,
élargissement des publics.
Plus internationale que
jamais, la Bibliothèque
nationale de France a
abordé le XXIᵉ siècle avec des atouts majeurs.

La consultation
de la presse,
en particulier celle
des quotidiens,
sera facilitée par la
numérisation (ci-
dessous, page de titre
du *Temps*, consultable
sur Gallica).

Ce changement d'échelle ne saurait cependant
constituer une fin. Le développement accéléré et
irréversible des technologies de l'information remet
en cause le monopole de la «bibliothèque de papier».

En décembre 2004, l'annonce faite par Google, le
célèbre et très utilisé moteur de recherche américain,
de construire en quelques années une bibliothèque
numérique de quinze millions de volumes, a été
ressentie en Europe comme un véritable défi.
Le président de la BnF, Jean-Noël Jeanneney, a lancé
au début de 2005 l'idée d'une Bibliothèque numérique
européenne (BNUE). Le projet, repris au plus haut
niveau de l'Etat en France et soutenu par la quasi-
totalité des pays européens, présente des objectifs
à la fois simples et ambitieux : donner accès
à un large public aux ouvrages les plus représentatifs
de la culture européenne. Le projet s'appuiera
sur la numérisation des ressources des bibliothèques

nationales qui s'engagent à les mettre en ligne à un rythme sans précédent.

A l'instar des collections conservées sur les rayonnages et organisées dans les catalogues, il s'agira d'un choix raisonné, organisé en grands corpus, et respectueux des droits de l'ensemble des acteurs de la chaîne du livre.

L'objectif n'en est pas moins fort ambitieux : plus de cent mille ouvrages devraient venir chaque année enrichir la Bibliothèque numérique européenne. Au XXIᵉ siècle, avec les missions toujours présentes de conserver et mettre à la disposition du plus grand nombre le patrimoine dont elle a la charge, une bibliothèque nationale reste, plus que jamais, une construction permanente.

Longtemps inaccessibles au public, les spectaculaires globes de Coronelli, créés dans les années 1680, ont été réinstallés en 2006 dans un des halls du site François-Mitterrand (ci-dessus). Maintenant reliée à la rive droite de la Seine par la passerelle Simone-de-Beauvoir (ci-contre), la Bibliothèque est au cœur d'un quartier en plein développement. Dix ans après son ouverture, la BnF a réussi le pari de sa modernisation, en élargissant considérablement ses publics, tout en maintenant le cap de ses missions fondamentales. Les évolutions technologiques, la concurrence de plus en plus forte de nouveaux supports remettant en cause la prééminence du livre ne manqueront pas au cours du XXIᵉ siècle de susciter de nouveaux défis.

# TÉMOIGNAGES ET DOCUMENTS

«Toute la mémoire du monde...»
Alain Resnais, 1956

# Les clés du labyrinthe

*Longtemps réservée aux savants, seulement entrouverte ensuite aux curieux, la Bibliothèque fascine. Au XVIIIᵉ siècle et au début du suivant, elle reçoit la visite de plusieurs souverains étrangers et d'autres voyageurs de marque. Le récit qu'en a laissé en 1821 un savant d'outre-Manche, le révérend Dibdin, dans un ouvrage publié sous forme de lettres, «Voyage bibliographique, archéologique et pittoresque en France», est un des plus vivants.*

Allons à la Bibliothèque. Son architecture extérieure et intérieure ne prête pas à une brillante description. Elle est monotone, lourde, sans ornements, et d'une teinte sombre et noirâtre. En dehors, elle a le triste aspect d'une maison de correction. Comme aucune des salles de livres n'a vue sur la rue, on n'y est pas incommodé par le mouvement perpétuel et le bruit confus des voitures et des piétons qui circulent dans la rue de Richelieu, peut-être l'une des plus fréquentées de Paris. [...] Au milieu de la cour de l'édifice, qui a la forme d'un parallélogramme, est une statue de Diane, en bronze, nue, roide, et maigre de dessin et d'exécution. Une statue de Minerve eût été, à coup sûr, bien mieux à sa place. En entrant de la rue par la principale porte, on tourne à droite, et on monte un grand escalier de pierre, après avoir déféré à la recommandation imprimée en gros caractères que l'on voit sur le mur : Essuyez vos pieds. Cette entrée mène directement au département des livres imprimés. [...]

Parvenu au haut de l'escalier, on entre droit devant soi, par une porte battante, dans la première galerie. Elle reçoit un jour uniforme à droite par de larges fenêtres qui donnent sur la cour dont je vous ai déjà parlé. On traverse cette pièce, dans laquelle personne ne s'arrête ordinairement, et l'on entre dans la seconde, où se trouvent les éditions princeps, et autres livres du quinzième siècle. Pour un connaisseur, le premier aspect de cette seconde pièce est véritablement magique. De tels exemplaires d'éditions si rares, si précieuses, si magnifiques, si recherchées, c'est, de tous côtés, une vraie féerie! Voilà le premier Homère!... que le couteau du relieur n'a jamais touché. Un peu au-dessus est

Le Cabinet des Médailles, dans l'ancien hôtel de la marquise de Lambert.

la première édition romaine
des *Commentaires* d'Eustathe sur
ce poète, en superbe maroquin rouge,
et imprimée sur vélin. Un *Lexicon*
de Budœus, exemplaire de François Ier,
également sur vélin! Des Virgile, des
Ovide, des Pline… et, par-dessus tout,
des Bibles!… Mais je m'arrête; je vais
vous conduire dans les différentes salles,
avant de contempler ensemble les
volumes que j'ouvrirai.

Dans la seconde salle sont deux
petites tables rarement occupées.
Durant quinze jours, je m'installai à l'une
ou à l'autre (sur l'offre obligeante de
M. Van Praet), avec tout ce qu'il y a de
plus parfait et de plus rare en
bibliographie devant et derrière moi!
Mais continuons : nous voici dans la
troisième galerie. C'est le rendez-vous
général des lecteurs. Six tables carrées,
qui peuvent tenir chacune vingt

personnes, et habituellement occupées
par ce nombre de lecteurs, présentent un
coup d'œil des plus agréables au centre
de cette galerie de livres imprimés, qui
se prolonge presque à perte de vue. […]

Nous allons maintenant quitter cette
galerie si richement et magnifiquement
meublée, pour passer dans la quatrième,
au milieu de laquelle s'élève un
ornement de bronze qui représente
Apollon et les Muses, entourés des
auteurs français les plus distingués du
dix-septième siècle. Ce monument a été
élevé à la gloire de Louis XIV, et
la figure de l'Apollon paraît être celle
du monarque. […] A l'extrémité
de la troisième galerie, avant de tourner
à droite, vous remarquez une porte avec
cette inscription : Cabinet des médailles.
Cette porte ne s'ouvre que deux fois par
semaine, et l'on voit le cabinet de la
manière la plus commode et sans rien

payer. Je ne dirai ici que quelques mots des objets qui composent cette collection, précieuse au-delà de tout ce qu'on peut imaginer; car je ne finirais pas, si je voulais seulement énumérer les objets les plus remarquables renfermés dans la même enceinte que les livres imprimés. Ce fut sous la direction de Vaillant (protégé par le grand Colbert), du comte de Caylus et de l'abbé Barthélemy, que cette collection de médailles et d'antiquités de toute nature fit ses plus précieuses acquisitions. Quand elle était au Louvre, François I<sup>er</sup> et son fils Henri II l'augmentèrent beaucoup. Le premier l'enrichit d'une suite de médailles d'or, parmi lesquelles il s'en trouve une de Louis XII, son prédécesseur. Elle est remarquable non seulement par la beauté du travail, mais encore par sa dimension et parce qu'elle est peut-être la première de cette espèce qui ait été exécutée en France. Sa conservation est parfaite, et le métal est du degré le plus fin.

Les médailles grecques et les différents objets d'art sont également précieux et de bon choix. Les vases, les écussons, les pierres gravées et les camées, dont la plus grande partie est décrite dans le célèbre ouvrage de Caylus, sont ravissants. Mais la fameuse agate de la Sainte-Chapelle, gravée par Girardet (dans l'*Iconographie*) avec une perfection dont rien n'approche, et qui peut être regardée comme la plus grande du monde, ne pourra manquer de captiver toute votre admiration. [...]

Revenons aux livres. A gauche et au centre de la cinquième salle, en retour, sont trois grandes portes, par lesquelles on entre dans une galerie où se trouvent les deux moitiés supérieures de deux énormes globes, le plancher de la pièce où l'on se trouve les partageant à peu près en deux parties égales. Leur première vue a quelque chose de surprenant et même d'effrayant; mais en s'avançant on découvre, par l'ouverture que font ces globes gigantesques, que leur base repose sur le sol du rez-de-chaussée. Observez que les murs des deux étages sont, dans tous les sens, entièrement revêtus de livres. Ces globes sont l'ouvrage d'un Vénitien nommé Vincent Coronelli. Ils furent présentés à Louis XIV par le cardinal d'Estrées, qui les fit exécuter pour ce prince. Actuellement ils ne peuvent plus être qu'un objet de simple curiosité, vu les nombreuses découvertes que l'on a faites depuis en géographie et en astronomie. Nous revenons dans la cinquième salle, à l'extrémité de laquelle, et à droite, se trouve la sixième, ou septième, en comptant la pièce supérieure occupée par les globes; le tout parfaitement éclairé par de larges croisées latérales. Remarquons encore au rez-de-chaussée une suite de pièces qui correspondent à celles du premier, et presque aussi remplies de livres; plus une salle garnie des plus belles éditions sorties des presses des Alde, des Giunta et des Etienne, en grand papier ou sur vélin. Une autre pièce est exclusivement consacrée aux exemplaires, en grand papier, d'ouvrages en tous genres, sortis des presses de tous les pays. C'est dans l'une ou l'autre de ces deux dernières pièces que se trouvent les exemplaires de Groslier et de De Thou, dont je vous entretiendrai probablement avec plus de détails dans une autre lettre. Le public n'entre pas dans les salles du rez-de-chaussée, et elles ne sont ouvertes qu'aux amis des bibliothécaires. La longueur de toutes ces pièces, depuis l'entrée jusqu'à l'extrémité de la cinquième salle, est d'environ sept cents pieds. [...]

On trouve à droite un escalier étroit, qui semble plutôt mener à la salle d'armes du château de quelque baron, qu'à une grande et belle suite d'appartements où se trouve peut-être la plus belle collection de gravures et de manuscrits, de tous âges et de tous genres, qu'il y ait en Europe. Néanmoins, comme il n'y a pas d'autre moyen d'y parvenir, il faut s'engager dans cet escalier, tout obscur et tout misérable qu'il est. A peine a-t-on monté une vingtaine de marches, que l'on aperçoit cette attrayante inscription : Cabinet des Estampes. Le cœur bat, les yeux étincellent lorsqu'on tire le cordon, et que le tintement de la petite sonnette se fait entendre. La porte est ouverte par un homme en livrée bleue et argent, que rend encore plus agréable la tenue honnête et respectueuse de ceux qui portent ce costume des gens du Roi. J'avais oublié de vous dire que l'on trouve dans toutes les autres salles de la Bibliothèque des hommes habillés de la même manière; et lorsqu'ils ne portent pas des livres de côté et d'autre, ce dont ils sont chargés spécialement, ils s'amusent à lire ou restent assis les jambes croisées; et de temps en temps alors il leur arrive de s'assoupir. Mais ils sont d'une honnêteté parfaite, et l'accompagnent même d'un certain air de politesse qui a beaucoup de rapport avec les manières des gens comme il faut.

En entrant dans la première salle du Cabinet des gravures, on est sur-le-champ frappé de l'étroite dimension de ce local; car la seconde pièce, qui est peut-être deux fois plus grande que la première, n'est pas à beaucoup près proportionnée au nombre de curieux qui s'y rassemblent en foule. On voit dans la première pièce, suspendue aux lambris, dans des cadres et sous verre, une collection exquise des productions du burin, depuis l'enfance de l'art jusqu'aux ouvrages les plus récents de Desnoyers.

La galerie Mansart, ci-dessus, a longtemps abrité les collections et la salle de lecture du département des Estampes.

[...] La salle actuelle n'a pas plus de vingt pieds, le plafond est beaucoup trop bas, et pourtant on y éprouve encore un vif plaisir. En avançant diagonalement, vous entrez dans une petite galerie, assez grande par comparaison avec la précédente; au milieu est une table qui règne dans toute la longueur de la pièce, et qui est entourée chaque jour par une foule de curieux ou de personnes qui viennent étudier. Là, chacun est uniquement occupé de l'objet spécial de ses recherches. Les uns passent tranquillement en revue les feuillets sur lesquels sont collées les estampes; d'autres contemplent, dans une silencieuse extase, quelque belle production de l'art, comprimant avec peine les exclamations de leur ravissement; car le silence est rigoureusement prescrit par les conservateurs, et, je dois le dire, il est rigoureusement observé. D'autres encore sont plongés dans des recherches critiques sur quelque ancienne ruine de l'ouvrage de Piranesi ou sur quelques antiquités de Mont-Faucon, tantôt prenant des notes, et tantôt copiant les passages qui y sont relatifs. D'autres, et surtout de jeunes élèves, s'occupent à copier des gravures, sans doute pour s'exercer dans leur art. C'est assurément bien mal employer son temps que de vouloir apprendre à dessiner, ou chercher à exceller comme dessinateur, en copiant des gravures. Ce sont des jeunes gens, il est vrai; espérons donc qu'avec l'âge ils deviendront plus raisonnables. Remarquez aussi depuis l'entrée jusqu'au fond de cette pièce, et de tous côtés, d'énormes volumes reliés en maroquin rouge. C'est là que sont réunis les modèles qui servent aux travaux dont je viens de vous parler. [...] Revenons sur nos pas : montons encore une douzaine de marches, et

entrons dans le département des manuscrits. Comme dans le précédent, on est frappé de l'exiguïté de la première salle, qui conduit cependant à une seconde pièce plus grande, ensuite à une troisième qui a l'air d'un boudoir, puis à une quatrième et à une cinquième un peu moins resserrées, à une sixième encore, et enfin à une galerie qui a de grandes et belles proportions, et est digne sous tous les rapports des richesses qu'elle renferme.

Permettez-moi d'entrer dans quelques détails. Dès la première salle, on éprouve déjà un avant-goût de toutes les jouissances bibliomaniques que ces manuscrits doivent procurer. Regardez à gauche en entrant, et vous allez peut-être tomber en extase à la vue des romans de tout genre et de toute espèce. Les Lancelot du Lac, les Tristan de Léonois, les Artus, les Ysaie, et autres chevaliers de la Table Ronde sont enfermés sous des grillages qui garnissent cette pièce ainsi que toutes les autres. Des Bibles, des Rituels, des Moralités attirent ensuite votre attention. Vous avancez... Histoire, Philosophie, Sciences et Arts... Mais ce n'est pas la peine de s'amuser à ces rhapsodies : la quatrième salle, que j'ai déjà mentionnée, renferme des spécimens d'objets qui se trouvent en plus grand nombre dans l'autre plus grande pièce à côté, mais non d'un travail plus curieux. Ici brillent, sous des portes de glace, d'anciens livres de dévotion reliés en ivoire, en or ou en cuivre, incrustés de camées et de pierres précieuses, et enrichis d'ornements et de figures en tous genres, et de différents âges. [...]

Mais retournons vite sur nos pas, et commençons par le commencement. Dans la première salle, comme je vous l'ai déjà dit, se trouvent quelques-uns des manuscrits les plus richement ornés

de miniatures, et les plus anciens de toute la Bibliothèque. Une phalange de romans s'offre ensuite aux regards, et loin d'apaiser l'ardeur du champion bibliographique, elle anime au contraire son courage. [...] Viennent ensuite les Bibles avec miniatures, qui n'offrent pas moins d'intérêt à l'amateur d'ornements anciens. Dans ma prochaine lettre, vous verrez quel usage j'ai fait de la liberté illimitée dont m'ont favorisé les obligeants conservateurs, en me permettant d'ouvrir toutes les armoires, et d'examiner tout autant de livres qu'il me plairait. Je vais maintenant vous introduire auprès de l'excellent M. Gail, qui est assis là-bas à son bureau.

Il examine un superbe manuscrit de Plybe, qui a appartenu autrefois à Henri II et à sa favorite Diane de Poitiers. M. Gail est l'un des bibliothécaires en chef chargé spécialement des manuscrits grecs et latins, et professeur de ces deux langues au Collège royal de France. [...] M. Gail a pour adjoints M. de l'Epine et M. Méon. [...] Je ne puis, en vérité, trop vanter ces messieurs, ni trop admirer en même temps le bon ordre et le silence qui sont observés dans tout cet établissement. M. Langlès est un des autres principaux bibliothécaires. Sa réputation, parmi les savants, égale celle de M. Gail; mais il est surtout versé dans la littérature orientale. Les manuscrits persans, arabes, et ceux des autres langues orientales, sont spécialement confiés à sa garde. A la naïveté de M. Gail, il joint la vivacité et l'enthousiasme naturels à ses compatriotes. Lorsqu'il préside dans son fauteuil (que M. Gail occupe alternativement avec lui), et qu'il est enfoncé dans une lecture, un ver de livre aurait de la peine à se glisser entre le bout de son nez et le feuillet du *Codex Bombycinus* qu'il examine; car il y a peu de personnes qui aient la vue plus courte. Mais sa tête est bien meublée, et il a tant de gaieté et de vivacité dans l'esprit, sa conversation est si agréable, quoiqu'il parle sans interruption, qu'on a beaucoup de peine à le quitter. [...] Vous continuez d'avancer, et la dernière, mais la plus belle de toutes les salles destinées aux manuscrits ou aux imprimés, fixe maintenant toute votre attention. Elle est pleine de trésors de toute nature

L a salle de lecture du Cabinet des Manuscrits au début du siècle.

sur les arts, les antiquités, sur le sacré et le profane, sur les langues de tous les pays et de presque tous les âges du monde. Ici, j'ouvris avec une jouissance inexprimable la grosse et fameuse *Bible latine* de Charles le Chauve, et le *Manuel de religion* de son frère l'empereur Lothaire, composé principalement d'extraits des Evangiles. On y voit des reliures en ivoire, appliquées à des diptyques ou à des ouvrages réguliers; toutes sortes de manuscrits en lettres onciales ou capitales de toutes dimensions, complets ou par fragments; d'anciennes miniatures extrêmement précieuses, et des modèles sans nombre et admirablement classés de tous les genres de curiosités bibliographiques : réunion inappréciable qui offre à l'amateur tant de moyens de faire fructifier ses recherches, d'étendre ses connaissances et d'éclairer ses jugements. [...]

Maintenant faisons nos adieux à la Bibliothèque du Roi. Nous y sommes restés, ce me semble, assez longtemps à jouir de la vue de cette immense quantité de joyaux aussi rares que précieux, soit en manuscrits avec miniatures, soit en livres imprimés. Je ne regretterai jamais le temps que j'y ai passé, et je n'oublierai pas non plus les attentions, les politesses, et les bontés que j'ai reçues dans toutes les divisions de cette magnifique bibliothèque.

M. Dibdin,
*Voyage bibliographique, archéologique et pittoresque en France,*
(traduction de 1825)

*La venue du grand-duc de Russie et de sa femme en 1782 est un des derniers événements marquants de la Bibliothèque sous l'Ancien Régime. Ce récit de leur visite aux Estampes est dû à la plume de Jacques-Adrien Joly, fils d'Hugues-Adrien Joly, garde de ce Cabinet.*

Le Grand Duc de Russie et la Grande Duchesse, sa femme, sous le simple et modeste nom de Comte et Comtesse du Nord, se sont rendus hier, 2 juin 1782, à la Bibliothèque du Roi, accompagnés de leur ambassadeur, le Prince de Bariatinski, du Prince de *** et de deux dames d'honneur. Le Prince et la Princesse, après avoir visité les livres imprimés, le Cabinet des médailles et les antiquités et la Galerie des Manuscrits, sont arrivés dans le Cabinet des Estampes et Planches gravées de Sa Majesté.

Le premier objet sur lequel leurs Altesses Impériales fixèrent la vue fut le dessin à l'encre de la Chine de la mer Caspienne mesurée par les ordres du Czar Pierre le Grand, leur illustre bisaïeul. Ce précieux dessin est un don du Czar lors que ce Prince vint en France en 1717. Il décore l'entrée principale de ce riche dépôt.

La frise qui se voit au bas de cette précieuse carte et qui avait fixé, un lustre auparavant, l'attention de l'illustre voyageur le Comte de Falkinstein (L'Empereur Joseph II) frappa aussi les regards du Prince et de la Princesse ; ils y virent les aînés de la maison de Bavière jusqu'à l'an 1400. Ce morceau, intéressant par la fidélité des costumes et par cette bizarre chaussure, dite à la Poulaine (défendue par arrêt du Parlement), fut donné au Cabinet des Estampes en 1756 par M. l'abbé de Fontenu, de l'Académie Royale des Inscriptions et belles-lettres.

Monsieur Bignon, Conseiller d'Etat et Grand Maître de la Bibliothèque du Roi, conduisit le Prince et la Princesse dans la salle qui devait recevoir leurs Altesses Impériales, et dirigea ainsi le plan qu'elles suivirent dans les courts instants qu'elles daignèrent donner à ce Cabinet où toute l'histoire universelle est tracée.

Elles commencèrent par le premier volume des Plantes peintes en miniature d'après celles qui existent au Jardin

❝Le premier objet sur lequel leurs Altesses Impériales fixèrent la vue fut le dessin à l'encre de la Chine de la mer Caspienne mesurée par les ordres du Czar Pierre le Grand, leur illustre bisaïeul.❞

du Roi; la beauté, la justesse et leur superbe exécution frappèrent tout à la fois ces illustres et éclairés voyageurs. Etonnés de voir la nature si bien rendue, ils ne purent s'empêcher de donner des éloges mérités aux peintres excellents qui furent choisis par Gaston Duc d'Orléans, Louis XIV son neveu, Louis XV et Louis XVI et principalement à Nicolas Robert qui fut le premier qui commença cette superbe collection en 1650, laquelle monte aujourd'hui au nombre de soixante volumes in-folio, y compris les oiseaux, les quadrupèdes, les insectes, les poissons et les coquilles. Robert, Joubert, Aubriet et Madelaine Basseporte avaient eu l'honneur d'être choisis pour travailler successivement à cette branche respectable et instruction de la connaissance parfaite de la nature. La Princesse demanda au Sr Joly (le Garde des Estampes), si ces plantes peintes en miniature qu'elle voyait avec tant de plaisir étaient dans cette même fraîcheur et ce bel éclat que le peintre savant avait si bien rendu ? Il prit la liberté de lui objecter que le peintre avait souvent rendu la plante sous trois âges : sa naissance, sa floraison et sa maturité, et qu'au Jardin des Plantes Son Altesse n'avait pu les considérer que dans l'un de ces trois moments. L'esprit et l'érudition profonde de cette illustre princesse lui firent bientôt concevoir l'heureux enthousiasme qu'avait eu l'artiste.

Ensuite, ces Princes virent l'origine de la gravure en taille-douce de 1460, attribuée à Mazo Finiguerra, orfèvre à Florence, en 42 pièces [...] et une petite pièce cintrée par le haut, représentant la Conversion de saint Paul. Ce morceau, aussi rare que précieux, captiva l'attention de nos Illustres Voyageurs. Monsieur le Comte du Nord la considéra attentivement et crut reconnaître, pour

ainsi dire, dans cette pièce le faire du célèbre Callot, pour son minutieux et spirituel détail. Ce ne fut point sans émotion qu'ils admirèrent les progrès rapides que la gravure fit peu à peu, surtout en parcourant l'œuvre de l'étonnant Marc-Antoine Raimondi, graveur chéri de l'immortel Raphaël d'Urbin, dont ils parcoururent aussi la superbe Galerie peinte au Vatican. [...]

Leurs Altesses virent aussi l'un des portefeuilles contenant des dessins et des gravures de la main de nos Rois, fils de Rois et frères de Rois. La Princesse y prit le plus vif intérêt, et vit avec plaisir les arts chéris et même cultivés par leurs Mécènes. Mais ce portefeuille, tout précieux qu'il est, acquerrait sans doute un mérite de plus, si un jour il pouvait y réunir quelques fruits des délassements des Comtes et Comtesses du Nord.

La Sainte-Face, dessin à la plume de roseau, fait d'un seul trait en spirale, dont le centre de ce travail commence au nez, fut exécuté par Claude Mellan en 1649, avec un succès étonnant. En effet, la singularité de ce procédé a surpris des Illustres Souverains. [...]

Une boîte contenant les portraits des Souverains de la maison de Wirtemberg. Ce fut avec un attendrissement mêlé de la plus respectable modestie que la Princesse arrêta ses regards sur les portraits de ses Illustres Aïeux.

Elle lut entièrement et avec la plus grande attention une lettre écrite au Garde de ce précieux dépôt par le Duc de Wirtemberg son oncle. Son étonnement ne fut pas moindre, en apprenant que le recueil qu'elle avait sous les yeux faisait partie de plusieurs autres, où sont renfermés en total près de soixante mille portraits des différentes cours, depuis ce sceptre jusqu'à la houlette. Une suite de Costumes de nos Rois, Princes, Seigneurs et autres, pris

Un autre visiteur de marque à la Bibliothèque, ici dans la galerie Mazarine, le prince impérial, en 1866.

sur les monuments mêmes, depuis Clovis jusques et compris Louis XIV, étonna leurs Altesses Impériales. Ils louèrent beaucoup le zèle du célèbre antiquaire (M. de Gaignières, gentilhomme, et l'un des Instituteurs des enfants de France, fils du Grand Dauphin), d'avoir fait dessiner, en couleurs et à grands frais, ces monuments qui intéressent le savant et deviennent très utiles à l'artiste; ces précieux originaux ont servi aux monuments de la Monarchie française publiés par le père Montfaucon.

Monsieur le Comte du Nord, Prince aussi intéressant qu'affable, eut la bonté de donner une note verbale et instructive sur un tableau peint en Russie, qu'eut l'honneur de lui présenter le Garde de ce riche Cabinet.

Et enfin, l'intéressante estampe du sacre de Louis XVI à Rheims, 11 mars 1774. Leurs Altesses Impériales y reconnurent les rangs que tenaient les Princes de la Famille Royale et celui des Grands officiers de la Couronne, la majesté du sujet, ainsi que la délicatesse du burin de l'habile Dessinateur et Graveur, le Sr Moreau le Jeune.

Ce ne fut qu'avec regret que Monsieur le Comte et Madame la Comtesse du Nord s'arrachèrent de cet auguste Musée; mais les nôtres ne furent pas moins vifs en nous voyant privés de leur présence : privation toutefois modérée, par le secret avertissement, qu'après avoir donné quelques moments aux Génies des Lettres et des Arts, leur âme, aussi noble que compatissante, allait se dilater à répandre leurs regards tendres et secourables sur cette foule de malheureux que leur infirmité et leur caducité ont conduits dans nos maisons hospitalières.

Jacques-Adrien Joly,
manuscrit conservé
au département des Estampes
(Ye, t. 3, pièce 288)

# Lire à la Bibliothèque

*Peut-on laisser entrer tout le monde? Les richesses de la Bibliothèque sont-elles réservées à ceux qui peuvent se parer du titre prestigieux de «chercheur»? Une trop large ouverture des collections ne risque-t-elle pas de leur porter des dommages irréversibles étant donné la nature éminemment fragile des supports? Les réponses ont varié d'une époque à l'autre, et le débat n'est pas clos.*

*L'ouverture sans restriction dans les années 1830 provoque des réactions hostiles, assez isolées à vrai dire.*

«La Bibliothèque royale est tous les jours en proie à une rapide destruction de la part des lecteurs qui y font foule sans aucun profit pour la science, et qui mettent les livres au pillage. Répétons-le bien haut, comme le *Delenda Carthago* de Caton : «Pas de salut pour la Bibliothèque, tant qu'elle ne sera pas fermée aux lecteurs! Ouvrez à Paris douze salles de lecture, chauffées en hiver et aérées en été, mais sauvez la Bibliothèque du Roi, qui a plus souffert dans les dix dernières années que dans les trois siècles précédents : sauvez-la aujourd'hui pendant qu'il en est temps encore.»

*Bulletin de l'Alliance des Arts,*
10 mars 1843

*Quoique plus modéré, Emile de La Bédollière souligne avec humour l'hétérogénéité du public.*

Non loin du temple de Plutus [La Bourse] s'élève celui de la science, sorte de pandémonium où sont accumulées les publications bonnes ou mauvaises qui se sont succédé depuis l'invention de l'imprimerie, sans compter d'innombrables manuscrits, estampes, médailles, cartes et plans. Quand on sort de la Bourse pour entrer à la Bibliothèque impériale, on se trouve dans un autre monde; aux clameurs confuses succède le silence. A la Bourse, c'est à force d'enfler ses poumons qu'on parvient à se faire entendre au milieu du plus effroyable tintamarre; dans la salle de lecture de la Bibliothèque, le diapason est un murmure. Des sons articulés *sotto voce* sortent de la bouche

des personnes qui viennent demander les livres dont ils ont besoin. Il semble qu'elles aient peur des employés, quoique ceux-ci soient de bonne composition et répondent avec une inépuisable complaisance aux exigences du public.

Ce public n'est pas toujours commode à satisfaire, il se compose d'éléments hétérogènes et disparates où le bon grain est mêlé à l'ivraie. Il faut mettre en première ligne les véritables savants, les gens de lettres sérieux, qui se livrent à des recherches historiques, et qui demandent aux ouvrages antérieurs des matériaux pour les livres qu'ils se proposent de faire. Dans leurs rangs se glissent quelques maniaques qui poursuivent une idée avec acharnement, et travaillent depuis un temps immémorial à la confection d'un dictionnaire ou d'une histoire spéciale. On voit encore s'asseoir dans la salle de lecture des industriels qui veulent un renseignement sur un procédé quelconque relatif à leur négoce; puis des ouvriers en blouse qui désirent s'instruire ou simplement se perfectionner dans leur état.

A côté de ces hommes recommandables, car on doit des égards à l'amour de la science, même quand il est exagéré, on trouvera dans la salle de lecture des lycéens externes qui abrègent les difficultés d'une version grecque ou latine en la copiant dans des traductions; des novices qui entament un long colloque avec les donneurs de livres, pour connaître l'auteur qui a traité plus particulièrement du sujet sur lequel ils désirent être édifiés; des femmes de lettres que les lauriers de George Sand empêchent de dormir; des oisifs, qui prennent n'importe quel volume pour tuer le temps; de pauvres diables sans asile, qui sont charmés de trouver un abri pendant les mauvais jours.

L'administration de la Bibliothèque a pris des mesures contre l'invasion abusive des flâneurs. Tout individu qui sollicite un livre doit en indiquer le titre à peu près exactement, et donner en même temps son nom et son adresse. Depuis de longues années, on a cessé de communiquer les romans et les ouvrages frivoles; mais on s'était aperçu que bon nombre d'amateurs s'installaient aux tables de lecture pour dévorer les feuilletons insérés au bas des feuilles périodiques, et une décision des conservateurs a interdit la communication des journaux qui n'ont pas au moins vingt ans de date.

La Bibliothèque Nationale n'en est pas moins généralement fréquentée par des écrivains laborieux, heureux de pouvoir fouiller dans cette mine abondante dont tant de filons sont à peine exploités.

Emile de La Bédollière,
*Le Nouveau Paris, histoire
de ses vingt arrondissements*, 1860

*Après la réforme du second Empire, la
salle de Travail n'est plus ouverte à tous.
La porte du sanctuaire est même bien
gardée.*

Dans le vocabulaire particulier à l'enclave que la Bibliothèque nationale constitue au milieu de la République des Lettres, le nom de travailleur servait à distinguer le détenteur de carte permanente d'avec le simple liseur à qui n'était ouverte que la salle publique, disparue maintenant, et dont l'institution répondait à un souci de charité. La salle publique était en somme le cabinet de lecture des indigents. Quelques clochards avaient pris l'habitude de s'y réfugier les jours de pluie ou de grand froid. Ils n'avaient évidemment pas droit à des raretés bibliophiliques, mais ils pouvaient somnoler à leur guise sur toutes sortes d'importantes constructions, comme l'*Histoire du Consulat et de l'Empire* de M. Thiers ou l'*Histoire des ducs de Bourgogne,* par le baron de Barante.

Peu d'étudiants éprouvaient alors la nécessité de fréquenter la salle de travail de la Bibliothèque, où les étrangers étaient encore peu nombreux. De chaque côté de cette salle, la dernière rangée de tables était réservée à la consultation des catalogues et du plus récent numéro de quelques revues. Il n'existait pas encore de département des Périodiques. Quatre places, en tout et pour tout, avaient été aménagées spécialement pour permettre à des demandeurs éventuels de feuilleter une

collection de journaux de vaste format. Il n'existait pas non plus de Salle de la Réserve, et les catalogues, dont l'étendue était très limitée, faisaient partie des «usuels» mis à la disposition du public. Le sous-sol à catalogues et à bibliographies et le double escalier qui y conduit sont des créations postérieures à 1930. C'est dire que vers 1920 le nombre de places disponibles dans la salle des imprimés était un peu plus restreint qu'il ne l'est aujourd'hui, mais comme la Bibliothèque ne s'emplissait pas tous les jours et que l'affluence n'y était jamais en surnombre avant 14 ou 15 heures, les solliciteurs de cartes obtenaient aisément satisfaction, pour peu qu'ils se prétendissent obligés de recourir à des ouvrages anciens ou épuisés chez l'éditeur. Il leur fallait toutefois présenter une demande écrite.

M. Félix Cadet de Gassicourt, à qui ils remettaient ce papier, fronçait des sourcils roussâtres et relevés en pointe au bord des tempes. Une courte barbe, de même nuance, lui conférait un air faunesque, qui devenait luciférien lorsque son regard se portait sur un impétrant intimidé. Qu'auraient pensé les candidats et les candidates à la carte s'ils avaient su que le bibliothécaire de qui dépendait le succès de leur démarche se trouvait être l'un des tout premiers adhérents de la Société du Roman philosophique, fondée par Maurice Heine pour la publication des œuvres inédites du marquis de Sade? En fait, M. de Gassicourt était plutôt bon diable. Il ne manquait pas de finesse, et sa perspicacité pouvait même aller assez loin comme en témoigne un exemplaire de *La Poussière de soleils,* qui lui a appartenu et qu'il a enrichi de pertinentes notes sur les procédés de composition de Raymond Roussel. Reste qu'il ne déplaisait pas à M. de Gassicourt d'embarrasser par des questions formulées sur un ton un peu sec des postulants qu'il ne se proposait pourtant pas d'éconduire. Sans doute estimait-il utile de tempérer son libéralisme d'un simulacre de rigueur, afin que l'obtention de la carte – *dignus est intrare* – fût ressentie comme un honneur.

Pascal Pia,
*Revue de la Bibliothèque nationale,*
n° 13

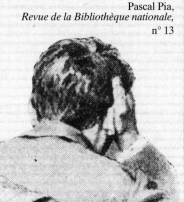

### On vient à la Bibliothèque pour travailler, pour souffrir

Mon angine est passée, mais j'ai des rhumatismes dans le dos qui me font souffrir assez violemment. Je n'en continue pas moins à faire à la Bibliothèque ex-impériale des séances de quatre et cinq heures, ce qui n'est pas gai, au milieu du bruit, et avec une cravate !

Gustave Flaubert,
lettre à Léonie Brainne, 15 février 1872,
dans *Correspondance*,
éditions Conard, 1953

### Mais il arrive qu'on y rêve aussi...

22 juin 1913

Nous sommes installés depuis une semaine dans un chalet suisse en sapin verni, où les chambres ont des dimensions de sleeping-car et où je me plairais peut-être si je pouvais travailler : magnifique pleurésie qui m'a coupée du seul bonheur possible pour moi dans ce grotesque monde. Mon étude sur le bouddhisme, il faudrait cinquante

volumes pour la continuer. Je n'ai que mes notes de la Nationale à tripoter seulement comme des reliques embaumées de paix, comme des fleurs poussiéreuses d'un pays qu'on ne reverra plus. [...]

Oh Paris et les grands bureaux tranquilles et l'oubli de soi-même et des autres que donne un texte difficile ! Oh mon paradis adoré, ma santé, mon calme, ma jeunesse. Oh la voix du médaillé hargneux préposé aux fiches, et celle du gros gardien de l'entrée, qui crie dans les couloirs sonores : «Messieurs – on va bientôt – fermer !». Le bouquin qu'on finit d'avaler d'un œil affamé, dans la rumeur des cartables qu'on replie ; le chapeau remis, une deux trois, les notes pliées : «S'il vous plaît – Messieurs –». Cela pour vous seule restée en arrière... Le portier rigide.

22 novembre 1913

L'autre matin à la Bibliothèque, comme je retournais déposer une pile de sagesse orientale et les *Abhandlungen der König(lichen) Gesellschaft der Wissen(schaften)* au médaillé hargneux dont l'humeur a résisté à l'écoulement éternel des choses, et qu'au bout d'un an et demi je revois avec le pli hostile de ses lèvres dont probablement pas une cellule n'a changé – Oh douceur de ma Bibliothèque où les bananes de la buvette n'ont pas même le temps de mûrir –, je croise Daniel Halévy en veste de peintre, mi-ouvrier sous le velours à côtes, pensif et doux. Lui dire bonjour, s'interroger sur ce que nous faisions – Lui prépare une étude sur Maurras et relit ses articles du temps de l'Affaire – moi, combien plus intellectuelle! – et passer. [...]

Honnête, j'ai tâché de travailler. Donc, Nationale où Daniel Halévy, si libéré qu'il soit, m'est prétexte à rêver sans que je le veuille.

Catherine Pozzi,
*Journal, 1913-1934,*
Paris, Seghers, 1987

*Les lecteurs qui viennent régulièrement finissent par contracter des habitudes, des manies peut-être, qu'une enquête serrée est parvenue à dévoiler... du moins chez les nombreux médiévistes qui fréquentent la salle des Imprimés.*

## «Côté vert, côté gris»

Les lieux fréquentés par les chercheurs sont souvent des lieux à forte charge onirique. En ce domaine, la grande salle de lecture du département des Imprimés, à la Bibliothèque nationale, est probablement le lieu parisien le plus fortement «chargé» : architecture ferroviaire, mobilier «victorien» (parfois «mussolinien»), sonorité de piscine, lumière crépusculaire. Que ce soit pour s'en réjouir ou pour s'en scandaliser, nombreux ont toujours été les commentaires sur l'atmosphère

visuelle ou sonore (voire olfactive) de cette salle.

L'organisation de l'espace, en revanche, n'a guère suscité de remarques ou de critiques. Ce silence est d'autant plus étonnant que cet espace est structuré de manière subtile et contraignante, et qu'il conditionne non seulement le travail de lecture des chercheurs, leurs déplacements, leurs facilités d'accès aux catalogues et aux usuels, mais aussi leurs capacités de concentration, leurs chimères, leurs états d'âme. D'où l'idée d'une timide enquête pour chercher à savoir qui s'assied où, qui a des préférences et qui n'en a pas, qui demande telle ou telle place, qui choisit telle ou telle zone, qui exige tel ou tel côté. Car il y a deux côtés dans la grande salle de travail de la Bibliothèque nationale : un côté vert (à droite lorsqu'on entre) et un côté gris (à gauche). Et le résultat le plus pertinent de l'enquête a été de mettre en valeur, au-delà des petites manies de chacun, l'existence de deux camps bien marqués : il y a des chercheurs verts et il y a des chercheurs gris. [...] La Bibliothèque nationale, sa grande salle de lecture et ses lecteurs semblent ainsi à tout jamais emblématisés par le vert et par le gris. Il s'agit presque d'un drapeau. Et seul les révolutions (ici d'informatique?) peuvent changer les drapeaux. [...]

Demander une place précise, lorsqu'on arrive tôt le matin, que cela est encore possible et que le préposé à la distribution des plaquettes est bienveillant, est une «manie d'un autre âge». Aucun médiéviste de moins de cinquante ans ne semble avoir une telle exigence. Elle n'est pas si rare, en revanche, chez les chercheurs plus âgés, et paraît constituer le reliquat de pratiques autrefois (quand?) courantes. Un cas limite est représenté par la

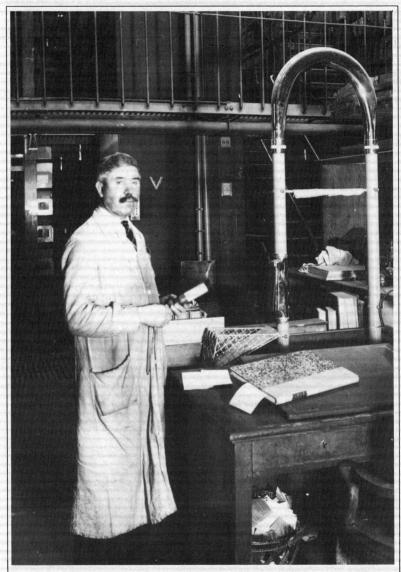

Le système de tubes pneumatiques assurant la transmission des bulletins des lecteurs, roulés dans des cartouches, est encore utilisé de nos jours.

singulière place n° 90 (côté vert, contre l'allée centrale) qui suscite une affection plurielle : deux chercheurs la revendiquent. L'un d'eux (moderniste, il est vrai) a accepté de répondre à mes questions et m'a expliqué que c'était probablement là l'endroit qui le protégeait le mieux des importuns circulant dans l'allée centrale. Cette place est donc une cachette (il y en a d'autres, à mon avis plus efficaces); mais elle présente un inconvénient : le bruit. Encore qu'il soit permis de se demander si le bruit est réellement une gêne dans une bibliothèque : plusieurs médiévistes ont affirmé que cela ne les dérangeait aucunement; et certains ont même poussé le paradoxe (aujourd'hui banal) jusqu'à prétendre que ce bruit lancinant et cotonneux qui règne dans la grande salle était indispensable à leur concentration.

Plus fréquente que la demande de place est la demande de zone. On souhaite être assis non pas à telle ou telle place précise mais près de tel ou tel endroit. La raison généralement invoquée est la proximité de telle ou telle catégorie d'usuels. Raison pratique, un peu décevante, mais inévitable. Pourquoi les chercheurs ont-ils besoin d'être assis près des usuels dont ils se servent? Pour ne pas perdre de temps? Pour «ne pas déranger»? Pour se sécuriser? Pour surveiller leurs petites affaires? On ne le saura jamais car ils ne parviennent guère à s'expliquer clairement sur ce point. C'est comme ça. Cela semble faire partie de la règle du jeu, des conventions du lieu. Il en est cependant quelques-uns, peu nombreux, un peu menteurs, un peu «frimeurs», qui affirment souhaiter être assis loin, très loin des usuels qu'ils utilisent. A cela des préoccupations stratégiques : se lever, circuler, observer, se montrer. Nous entrons là dans une

nouvelle catégorie de motivations, moins studieuses, plus affectives.

## «**Stratégies du désir?**»

Les médiévistes, en effet, ne vont pas à la Bibliothèque nationale seulement pour travailler. Ils y vont aussi pour voir, pour être vus, pour rencontrer, pour «draguer». Et pour ce faire il y a des places, des zones et, surtout, un côté : le côté vert. C'est le côté où l'on ne travaille pas, ou peu. C'est le côté le plus proche de l'escalier qui descend à la salle des catalogues. Stratégiquement, c'est là que l'on observe le mieux les allées et venues des autres lecteurs, leurs gesticulations, leurs débauches de signes : qui se lève, qui passe, qui va où, qui parle à qui (tous les médiévistes, on le sait, sont des «concierges»)? C'est là aussi – quoi qu'en disent les locataires de la place 90 – que les chances d'être remarqué, d'être sollicité sont les plus grandes. Et c'est souvent ce que l'on espère quand on est un tenant du côté vert.

D'où l'aversion très grande des fidèles du côté gris pour cet espace vert, bruyant, agité, embouteillé, dangereux. Le côté vert c'est «le côté du cirque», la «saturnale permanente» (!). Et, de fait, on ne drague pas à gauche (gris) mais à droite (vert). Dans ce but, les meilleures places sont les places périphériques : la première et la dernière rangées dans leur totalité, ou bien les places situées aux deux extrémités de chaque rangée (dont la fameuse place 90!). On peut aussi opérer debout. Dans ce cas le lieu le plus propice est situé devant les usuels «dictionnaires de langues» (tout de suite à droite, en entrant dans la salle). Derrière le long pupitre, en faisant semblant de consulter le dictionnaire de Du Cange, ou celui de Godefroy, on

dispose d'un observatoire privilégié pour regarder, prendre son temps, choisir, se préparer. Sans avoir des desseins aussi peu érudits, c'est également là l'endroit le plus efficace pour chercher quelqu'un et le trouver. Du côté gris on est presque toujours bredouille quand on tente de repérer un collègue ou un ami. Les lecteurs, tous assis, ont la couleur du lieu : vestimentairement, charnellement (scientifiquement ?) ils sont tous gris (d'où l'utilité des écarts chromatiques dans le vêtement lorsque l'on est assis dans cette moitié). En face, du côté vert, les lecteurs, dont beaucoup sont debout, sont moins uniformes, plus bariolés, plus signalétiques. Le repérage y semble plus aisé.

Au-delà de ces comportements sociaux et stratégiques, une autre motivation, plus égoïste et plus émotionnelle, explique que l'on puisse avoir telle ou telle préférence. C'est la joie de retrouver le connu, chère à toutes les psychanalyses. Plusieurs médiévistes,

que l'on pourrait qualifier de «proustiens», aiment ainsi s'asseoir près de la place ou dans la zone où ils se sont assis la première fois qu'ils sont venus travailler à la Bibliothèque nationale. Ils éprouvent leur plus grand plaisir – et je reste persuadé que l'on peut venir en ce lieu *aussi* pour se faire plaisir – non dans la nouveauté mais dans l'habitude. N'innovons jamais !

## «Esthétique de l'indifférence ?»

Reste, à l'opposé, les indifférents, ceux qui ont fait semblant de ne pas comprendre la question posée, ou qui ont affirmé n'avoir aucune préférence, prendre ce qu'on leur donne, s'y trouver bien, s'y trouver mal, peu importe. Ces médiévistes-là ne sont pas majoritaires, mais ils forment néanmoins un groupe relativement important. Et ils se mettent en colère quand on leur fait observer qu'être indifférent c'est une façon de vouloir se démarquer, donc d'être

influencé par les autres, par ceux qui ne sont pas indifférents et au groupe desquels on ne veut pas se joindre. Ces médiévistes-là ont été les plus agressifs (l'un – ou plutôt l'une – d'entre eux a qualifié mon enquête de «fascination») et les plus volubiles pour discourir sur la scandaleuse dégradation des conditions de travail à la Bibliothèque nationale. Quelques-uns, assez nombreux, ont refusé au chercheur le droit d'avoir des préférences, de se faire plaisir, voire le simple droit de se raconter. D'autres ont nié tout rapport affectif entre le chercheur et les lieux qu'il fréquente. Pour eux, la grande salle de lecture de la Bibliothèque nationale ne véhicule aucune palpitation, aucune charge onirique, aucune dimension magique. C'est «seulement un lieu de travail» (faut-il dire ici : «on croit rêver»?).

Michel Pastoureau,
*Médiévales,*
n° 7, automne 1984

### Le poète et la bibliothèque

A la Nationale
Je suis assis et je lis un poète.

Il y a beaucoup de gens dans la salle, mais on ne les sent pas. Ils sont dans les livres. Quelquefois, ils bougent entre les feuillets. Ah! qu'il fait bon d'être parmi des hommes qui lisent! Pourquoi ne sont-ils pas toujours ainsi? Vous pouvez aller à l'un et le frôler : il ne sentira rien. Vous pouvez heurter votre voisin en vous levant et si vous vous excusez, il fait un signe de tête du côté d'où vient votre voix, son visage se tourne vers vous et ne vous voit pas et ses cheveux sont pareils aux cheveux d'un homme endormi. Que c'est bon!

Et je suis assis et j'ai un poète. Quel destin!

Rainer-Maria Rilke,
*Les Cahiers de Malte Laurids Brigge,*
1910

# Les gardiens du temple

*Les rouages de la Bibliothèque sont mystérieux pour les lecteurs qui ne soupçonnent pas toujours la variété et la complexité des opérations nécessaires avant que le document ne parvienne sur leur table. Collecter, conserver, communiquer : grandeur et servitude du métier de bibliothécaire, dont les tâches sont parfois ingrates et répétitives, parfois exaltantes et scientifiques.*

*Nombreux sont ceux qui consacrent leur existence entière aux exigences de la Bibliothèque, tel Ernest-Alphonse Muret au Cabinet des Médailles, auquel son collègue Chabouillet rend ce vibrant hommage en 1884.*

Ernest-Alphonse Muret, né à Paris le 8 février 1824, n'est entré au Cabinet des médailles, déjà âgé de trente-trois ans, qu'en 1857. Jusqu'à ce moment, dédaignant les carrières lucratives qu'il lui aurait été facile d'entreprendre, et préférant compléter, par la lecture, les solides études qu'il avait faites au lycée de Versailles, Ernest Muret avait vécu au milieu des portefeuilles de dessins d'après l'antique, dus au crayon savant et fidèle de son père et des plâtres choisis qui remplissaient et décoraient la maison qu'ils habitaient ensemble. Par les intelligents loisirs qu'il s'était ménagés, il se préparait, sans s'en rendre compte, à devenir le numismatiste que nous avons connu; mais modeste, timide même, M. Muret n'aurait peut-être jamais songé à demander un emploi au Cabinet des médailles, et se contentait d'y faire de fréquentes et fructueuses visites. A son insu, ces visites y laissèrent deviner une vocation héréditaire qui s'ignorait, et un jour, une place de surnuméraire étant devenue vacante, le conservateur, un bon juge, Charles Lenormant, l'offrit à ce volontaire de l'archéologie. A la veille de la mort prématurée qui devait le surprendre à Athènes, l'illustre érudit rendait un signalé service au Cabinet de France. On ne tarda pas à s'en apercevoir. Ce n'est pas au bord d'une tombe, de la tombe qui va se refermer sur les restes mortels d'Ernest Muret, qu'il est possible d'apprécier, ou même d'énumérer les travaux qui ont rempli les vingt-sept années de sa vie qu'il a données au

Depuis la Révolution, des cours publics sont dispensés à la Bibliothèque, en lien avec les collections du Cabinet des Médailles. Ici, l'archéologue Raoul Rochette professe devant un nombreux auditoire en décembre 1843.

Cabinet des médailles. Je ne compterai pas les milliers de fiches écrites de sa main que l'on y conserve ; je ne compterai même pas les énormes registres, grands in-folio, de notre *Inventaire général* qui lui sont dus ; ce que je dirai, c'est que ces registres sont des livres. En y décrivant nos médailles avec un zèle qui ne s'est jamais démenti, Ernest Muret n'a pas simplement dressé des Inventaires destinés à garantir la propriété de l'Etat, il a enrichi la collection nationale par de nombreuses rectifications d'anciennes lectures vicieuses et d'attributions mal justifiées. C'est que, doué d'une excellente mémoire, d'un tact et d'une sagacité rares, c'est qu'armé d'une solide érudition, Ernest Muret était devenu rapidement l'un des plus fins connaisseurs de notre temps. S'il préférait les médailles grecques aux romaines, la passion de son collègue et ami, le regrettable [sic] Henri Cohen, qu'il les préférait à celles du Moyen Age et de la Renaissance, il n'ignorait et ne dédaignait aucune des branches de la numismatique. Il l'a cent fois prouvé, mais surtout lorsque, chargé d'inventorier notre suite gauloise, aujourd'hui la plus riche qui existe, il n'a pas reculé devant la tâche pénible autant qu'ardue de reclasser et de décrire les 10 413 pièces qui la composent, le décuple de ce qu'elle était aux temps d'Adolphe Duchalais. Oui, Messieurs, Ernest Muret, ce fervent admirateur des monnaies grecques archaïques ou des chefs-d'œuvre de la Sicile, de la Grande Grèce, de l'Ionie, soutenu par le sentiment du devoir et aussi par le patriotisme, Ernest Muret a su s'arracher à ses études de prédilection pour cataloguer les essais monétaires, si souvent informes, de nos ancêtres, et cette entreprise, il l'a poursuivie jusqu'au bout. Le Catalogue de nos monnaies gauloises est achevé ; l'auteur a même pu en suivre l'impression, et c'est sur la

PARIS — Bibliothèque Nationale - Salle des Médailles

De 1865 à 1917, le département des Monnaies et Médailles constitua une enclave au sein des Imprimés. Ci-dessus, la salle de la Rotonde, vitrine du trésor de Berthouville.

dernière page des bonnes feuilles de ce gros volume que je relève ce chiffre imposant de 10 413 numéros!

Malheureusement, ce livre impatiemment attendu et qui rendra tant de services n'a pas encore pu être livré au public; la maladie qui vient de terrasser l'infatigable travailleur ne lui a pas permis de mettre la dernière main à l'introduction et aux tables, mais on m'assure qu'on les trouvera dans ses papiers, et d'ailleurs, quoi qu'il en soit, le Catalogue des monnaies gauloises de la Bibliothèque nationale, rédigé par Ernest Muret, paraîtra prochainement. Muret n'aurait publié que ce livre qu'il se serait fait les droits les plus sérieux à la gratitude des érudits de l'Europe, mais ce n'est pas le seul écrit qu'il ait trouvé le temps de composer. Sans se laisser jamais détourner de ses devoirs de fonctionnaire, Ernest Muret a traité divers sujets de numismatique grecque. [...]

Et maintenant, pourquoi ne pas dire tout haut, ce que ceux qui m'écoutent disent tout bas; à la carrière si vaillamment, si utilement remplie de M. Muret, il a manqué le couronnement légitime que nous lui souhaitions, ne fût-ce que pour l'exemple. Nous eussions voulu que le désintéressement de M. Muret, que ses services éminents, que son mérite, fussent récompensés par la croix de la Légion d'honneur. Il l'a bien gagnée, et il l'eût obtenue, malgré la réduction du nombre de celles dont dispose le ministère de l'Instruction publique, si la maladie n'était pas venue faire tomber la plume de ses mains, si elle lui avait laissé le temps de publier le Catalogue des monnaies gauloises du Cabinet de France, ce monument national! Comme tant d'autres, M. Muret n'aura pas vu paraître le fruit de son travail, d'un travail opiniâtre, du travail dont parle Horace, et il meurt n'ayant d'autre distinction que son grade de bibliothécaire au département des Médailles et Antiques.

M. Chabouillet,
*Allocution prononcée à Viroflay,*
*sur la tombe de M. Muret,*
le 29 février 1884

## Un conservateur au siècle des Lumières

*Devant la diversité des tâches, le bibliothécaire se sent écartelé, frustré parfois de ne pouvoir accorder aux trésors dont il a la garde tous les soins qu'ils méritent.*

Vous me demanderés peut-être à quoi je m'occupe? A prendre des années et des infirmités; à faire sans cesse les honneurs du Cabinet du Roi; à solliciter des fonds pour l'augmenter de plus en plus. Je consomme une grande partie de mon tems à être utile aux jeunes Etudians, à ceux qui font des Recherches sur des sujets d'histoire, de portraits, de Costumes, même encore à l'humanité souffrante qui, parfois, n'a pas lieu de se repentir de s'être servi de moi comme échellon. J'ai le bonheur de penser, comme pensoit en grand et au physique l'illustre Comte de Caylus, qui disoit : qu'il étoit même beau d'obliger des ingrats. Ce qui me fâche souvent, c'est de perdre mon tems avec beaucoup d'élégans de la Cour et de la Ville, que je ne veux pas laisser sortir du Cabinet sans les avoir ramenés, au moins par l'apparence, sur l'indifférence ou l'aveuglement pour ces arts dont ils ignorent même le mérite du méchanisme, ce que je leur pardonne jusqu'à un certain point, mais dont je ne leur fais point de grâce quand cela attaque leur première éducation, histoire, science, poésie. Quand au tems

qui me reste, je l'emploi à coller et arranger classiquement les nouvelles acquisitions : puis à grossir mon catalogue des noms de tous les artistes, peintres, sculpteurs, graveurs, architectes et autres adhérants, avec l'explication la plus laconique de chaque morceau, le tout précédé du petit extrait de leur vie, dattes de mort, naissance et du Lieu. Je cherche à vous imiter; mais je déplore de n'être pas tout entier à moi, comme le sont et l'ont été mes maîtres, Vous cher sçavant Baron, vous, docte Mariette, Vous, De Piles, Félibien, D'Argenville. Je suis un téméraire d'ôser me mesurer à vous, messieurs, sachant que : *non licet omnibus adire Corynthum.* J'en conviens; pour bien faire la besogne au Cabinet d'un Souverain tel que celui que vous avés formé à Dresde, et celui d'un Roi de France, il faudroit être tout ce que je viens de nommer, être encore ce Dieu indien dont la tête commandoit à ses cent bras. Or, vous m'avés trouvé seul avec un vieux soldat, encore n'etoit-il pas né pour ce genre de combat; ce vieux et pieux soldat est mort l'année passée; c'est mon fils qui le remplace. Il a du zèle. Je lui ai fait faire d'assés bonnes études, un cours de Dessin : nous tirons comme deux bœufs sous ce joug qui m'est aimable; mais il me ruine par le trop peu d'appointement attaché à sa place. Nous menons une vie très philosophique avec les émoluments que me produit la mienne et la sienne. Ce qui fait ma richesse, c'est l'estime que vous voulés bien me conserver, ainsi que quelques plusieurs personnes qui m'honorent et veullent que je marche de pair avec elles.

Hugues-Adrien Joly,
*Lettres à Karl Heinrich Von Heinecken,*
*1772-1789,*
Paris, Bibliothèque nationale, 1988

## Quelques figures devenues légendaires émergent de l'histoire de l'établissement

*Charles Samaran se souvient de sa première rencontre avec Léopold Delisle qui fut administrateur général de 1874 à 1905.*

Le souverain maître de cet univers de parchemin, de papier et de métal noble était alors un grand médiéviste, universellement admiré et respecté du monde savant, dans la jeune Amérique comme dans la vieille Europe, Léopold Delisle. Je le connaissais, de vue seulement, pour avoir comparu devant lui au concours de l'Ecole (dont il présidait depuis longtemps le Conseil de perfectionnement) ni plus ni moins que d'autres juges aussi intimidants que le majestueux Gaston Paris ou Henri Wallon, le père, disait-on, de la Troisième République. Je n'avais certes pas la moindre idée de lui demander audience, mais il m'arrivait de le voir – et je le vois encore par la pensée – se diriger d'un pas alourdi par l'âge vers l'Hémicycle par l'allée centrale de la grande salle des Imprimés. Il était de taille très moyenne, plutôt petit, mais une impression de puissance exceptionnelle se dégageait de son corps râblé, de sa chevelure aussi drue qu'une crinière léonine et de son large front creusé verticalement en son milieu par le sillon profond des grands travailleurs. Né en 1826, Léopold Delisle avait alors largement dépassé l'âge normal de la retraite, mais il faisait à ce point corps avec sa Bibliothèque, qu'il avait illustrée par d'innombrables travaux, que nul n'imaginait qu'il pût en être séparé, et je puis porter témoignage de l'émotion, pour ne pas dire de l'indignation, qui s'empara du monde savant lorsqu'en

1905 un ministre béotien lui fendit brutalement l'oreille. Il n'avait que soixante-dix-huit ans.

Charles Samaran,
*Revue de la Bibliothèque nationale,*
juin 1977

*Joseph-Basile Bernard Van Praet est né à Bruges en 1754. Après avoir appris le métier de libraire chez Debure, il entre à la Bibliothèque du Roi en 1784 et ne la quittera plus jusqu'à sa mort.*

Tous ceux qui pendant les trente premières années du XIXe siècle ont fréquenté la Bibliothèque du Roi se rappellent avec une sorte de charme les traits de M. Van Praet. Quel est celui d'entre nous, Messieurs, qui ne voit encore cet homme de bien, affaibli par le temps et blanchi par les années, toujours vif cependant et toujours prêt à traverser de nombreuses et vastes salles, à gravir des escaliers étroits, des échelles souvent mal assurées pour abréger le temps du solliciteur le plus inconnu ? Une fois les heures de service commencées, M. Van Praet semblait oublier ses amis les plus chers, pour les retrouver, sans distinction, dans la foule qui ne cessait d'assiéger son bureau. Quiconque avait besoin d'une indication difficile venait en toute confiance à lui, comme à la source de tous les souvenirs et de toutes les traditions littéraires. Aviez-vous perdu le titre ou la date précise d'un ouvrage, et cet oubli justifiait-il le refus des employés même les plus habiles ? M. Van Praet, dès qu'il avait pu deviner votre embarras, quittait son poste avec une légèreté de bon augure et, sans vous avoir rien promis, sans avoir distingué le savant, le littérateur ou l'écolier qui l'avait interrogé, vous apportait rapidement le livre comme en triomphe ;

L es réserves des départements abritent les documents les plus rares et les plus précieux :
ci-dessus, les locaux actuels de la réserve des Imprimés, qui a été créée par Van Praet.

puis, sans écouter vos remerciements, sans remarquer votre reconnaissante admiration, il prêtait l'oreille à quelque autre et recommençait ses allées rapides et ses heureux retours. Ainsi quatre heures de chaque jour s'écoulaient pour lui : en 1832, le gouvernement crut bien faire en augmentant d'une heure le temps du service public; c'était en effet retarder d'autant la rédaction définitive des catalogues. Quoi qu'il en soit, personne ne réclama et M. Van Praet se plaignit moins que personne; il fit des excès de travail comme d'autres font des excès de plaisir; mais il n'était plus dans un âge à les supporter sans danger, et l'on croit en général que le terme de sa vie fut avancé par ce changement imprévu dans la distribution de ses journées.

M. Van Praet était de petite stature, d'un extérieur agréable et distingué, d'un costume toujours élégant quoique sans recherche. Il n'était pas insensible au charme de la conversation et du commerce des femmes; il se plaisait à suivre les jeux des enfants et même à les partager; mais l'unique passion de toute sa vie fut la Bibliothèque du Roi. Doué d'une santé robuste, il est certain que pendant près de quarante années il ne lui arriva jamais de quitter les salles de livres, sinon pour prendre ses repas, assister à quelque représentation dramatique et se livrer au sommeil. Le lendemain, il courait en se levant retrouver ses armoires chéries; mais il faut avouer que le mariage et les soins qu'il entraîne auraient pu s'accommoder assez mal de cette habitude invincible. Aussi notre confrère ne pensa-t-il jamais à se marier; en présence de ses belles collections pouvait-il supposer qu'il lui manquât quelque chose? Il avait néanmoins quelques amis sincères et dévoués qui, partageant ses goûts studieux et ses douces passions littéraires, venaient le visiter à certains jours de chaque semaine dans les grandes salles de la bibliothèque, après les heures du service public. Tels étaient M. Parison, qui prit le soin de surveiller l'impression des dernières feuilles de *La Bibliothèque du roi Charles V;* M. de Bure, fils de l'honorable Guillaume de Bure qui avait si bien dirigé les premiers pas de M. Van Praet; M. Magnin, dont la sagacité de M. Van Praet avait d'abord distingué le rare mérite, et qui, plus tard, devait devenir le collègue de l'homme excellent qui l'avait toujours honoré d'une affection particulière.

Les instants consacrés chaque jour au service public étaient, on le sent, bien loin de restreindre dans leur cercle les recherches et les études bibliographiques de M. Van Praet. A peine l'heure de la sortie générale avait-elle sonné, que notre confrère, jusqu'au moment où la nuit venait le surprendre, passait pour ainsi dire la revue de son armée, reconnaissait les noms, examinait la condition, et fixait ou restituait les rangs de cette multitude innombrable. La correspondance réclamait encore une partie de sa sollicitude. Nos armées victorieuses pénétraient tour à tour dans Madrid, dans Rome, dans Naples, dans Berlin et dans Vienne. Bonaparte, général, premier consul ou empereur, voulait que la France recueillît même des fruits littéraires de ses victoires, et les

conservateurs de la Bibliothèque avaient ordre d'envoyer aux Chargés d'affaires de la France la note des éditions, des manuscrits et des médailles qui pouvaient encore ajouter à la richesse des cabinets de la Bibliothèque nationale. M. Van Praet ne perdit aucune des nombreuses occasions que la fortune offrait alors à la France, et plusieurs fois chaque année, d'énormes ballots de livres lui parvenaient de l'Allemagne ou de l'Italie. Ces trésors littéraires, la France en jouit tant que nos triomphes se succédèrent; mais la Fortune les avait donnés, le temps vint où la Fortune nous les redemanda. Hâtons-nous d'ajouter cependant que M. Van Praet, de concert avec M. Dacier et M. Millin, sut alors, par une succession de fraudes pieuses, honorables puisqu'elles étaient inspirées par l'amour du devoir et de la patrie, tromper fréquemment les réclamations qui semblaient les mieux fondées. Dans le nombre des ouvrages redemandés, plusieurs avaient été rangés près d'autres exemplaires moins précieux, inscrits sur les vieux inventaires. Ces inscriptions assurèrent dans les quatre départements de la Bibliothèque plus d'un titre de propriété d'ailleurs assez contestable; et c'est ainsi qu'à la place de volumes complets admirablement reliés, de médailles à fleur de coin et de gravures avant la lettre, les poursuites de l'étranger n'atteignirent souvent que des volumes mutilés, des médailles frustes et des gravures d'un médiocre tirage. La France n'a donc pas encore perdu tout le fruit de ses conquêtes dans le domaine de l'archéologie, des beaux-arts et des belles-lettres.

Paulin Paris,
*Notice sur M. Van Praet,* 1839

# Grandir, dit-elle

*C'est François I<sup>er</sup> qui a créé le dépôt légal, institution qui a été adoptée par les pays étrangers au point de devenir la marque des bibliothèques nationales, et qui a été étendue à d'autres documents, tels que la gravure, la photographie, le disque, le film, etc. Mais les collections d'une bibliothèque peuvent s'accroître de bien d'autres façons...*

❝ Faire retirer, mettre et assembler en notre librairie toutes les œuvres dignes d'être vues. ❞

## «Ordonnance de Montpellier, créant le dépôt des imprimés» (28 décembre 1537)

François, par la grâce de Dieu roy de France, à tous ceux qui ces présentes lettres verront, salut. [...] nous avons délibéré de faire retirer, mettre et assembler en notre librairie toutes les œuvres dignes d'être vues qui ont été ou qui seront faites, compilées, amplifiées, corrigées et amendées de notre tems pour avoir recours auxdits livres, si de fortune ils étoient cy après perdus de la mémoire des hommes, ou aucunement immués, ou variés de leur vraye et première publication.

A ces causes et autres bonnes et justes considérations à ce nous mouvans, avons de notre pleine puissance et autorité royale très expressément défendu à tous imprimeurs et libraires des villes, universités, lieux et endroits de notre royaume et pays de notre obéissance que nul d'entre eux ne soit ni osé ni hardy de mettre et exposer en vente en notre royaume, soit en public, ne en secret, ni envoyer ailleurs pour ce faire aucun livre nouvellement imprimé par deçà, soit en langue latine, grecque, hebraïque, arabique, chaldée, italienne, espagnole, françoise, allemande ou autres, soit de ancien ou moderne auteur, de nouveau imprimé, en quelque caractère que ce soit, illustré de annotations, corrections ou autres choses prouffitables à voir, en grand ou petit volume, que premièrement il n'ait baillé un desdits livres, volumes ou cahiers, de quelque science ou profession qu'il soit, ès mains de notre amé et féal conseiller et aumosnier ordinaire, l'abbé Melin de Saint Gelais, ayant la charge et garde de notre dite librairie en notre chasteau de Bloys, ou autre personnage qui parcy après pourra avoir en son lieu les dites charge et garde, ou de son commis et député qu'il aura pour cet effet en chacune des bonnes villes et universités de notre royaume, dont et de la certification du dit garde ou de son commis pour justifier quand et où besoin sera, le tout sur peine de confiscation de tous et chacun des livres et d'amende arbitraire à nous appliquée…

Semblablement voulons, ordonnons et nous plait que nul des dits libraires ou imprimeurs de ce royaume ou d'ailleurs ne puisse doresnavant vendre aucuns livres imprimés hors de notre dit royaume, de quelque qualité ou discipline qu'il soit, que premièrement il n'en baille la communication à iceluy garde de notre dite librairie, ou à son commis si, pour besoin est en faire son rapport à nostre conseil et aux gens de la justice de dessus les lieux pour sçavoir s'il sera tolérable d'estre vu, afin d'obvier aux méchantes œuvres et erreurs qui se sont par ci devant imprimées ès pays étrangers et apportées de par deça, et si les dits livres sont trouvés dignes d'estre mis en notre dite librairie et publiés par nostre dit royaume des dits vendeurs d'iceux seront tenus de prendre certification de nostre garde ou de son commis qui, si bon lui semble, en achetera pour nous au prix des autres. Si donnons en mandement aux prévot de Paris, sénéchaux de Lyon, Thoulouse, Guienne et Poiton, baillifs de Rouen, Orléans, Berry, et à tous nos justiciers et officiers qu'il appartiendra, que nos présentes deffenses, ordonnances et vouloir, ils fassent entretenir, garder et observer, lire et publier à son de trompe et cri public par tous les lieux et endroits de leur pouvoir, détroit et juridictions accoutumés, et à faire cris et publications en punissant les transgresseurs pour les peines devant dites et autrement, ainsy qu'ils verront estre à faire selon l'exigence des cas. Car tel est nostre bon plaisir, nonobstant quelconque ordonnances, restrinctions et mandemens ou défenses à ce contraire… Donné à Montpellier, le vingt-huitième jour de décembre l'an de grace mil cinq cents trente sept, et de nostre règne le vingt-troisième.

Bibliothèque nationale, manuscrit fr. 22076, folio 1 et suivants; Archives nationales, Y 9, folios 106-107

*L'application du dépôt légal s'est heurtée à bien des résistances et la réglementation a dû être rappelée plusieurs fois. Hugues-Adrien Joly explique les difficultés qu'il rencontre auprès des graveurs.*

Il faut que je sois arrangeur, catalogueur, pourvoyeur, démonstrateur, solliciteur pour acquérir, ou pour tâcher d'obtenir *pro Deo* ce qui manque au Cabinet. Je suis depuis des siècles à dire et à écrire au Ministre, de m'autoriser, par arrêt du Conseil, qu'il soit fourni au Cabinet du Roi trois estampes ou Epreuves de tout ce qui se grave à Paris ou dans le Royaume, afin d'éviter au Roi la dépense d'acquérir ce qui devoit se donner, par honneur, de la part de l'artiste ou par l'éditeur. On me dit bien oui, et l'on n'en fait rien; en sorte que les Artistes ne se conduisent que comme de vils commerçants, et sur lesquels on n'a mis encore nul impôt; si je leur parle vrai et d'amitié, ils me répliquent grossièrement que le Roi a plus le moyen de payer leurs productions que personne. «Mais, Bourreaux, leur dis-je, c'est le Roi qui a pris soin de votre éducation en établissant des Académies dispendieuses pour faire de vous des hommes distingués.» Non : ils sont sourds. Il en est un, entr'autres, que vous connoissés autant que moi, qui se fait au petit pied vingt mille livres de rente de son talent, qui a eû la malhónnêteté de me répondre qu'il n'avoit pas besoin de faire paroître ses ouvrages dans le Cabinet des Estampes du Roi pour acquérir de la réputation, attendu que son nom étoit connu et chéri dans toute l'Europe ; que j'étois le maître d'achetter ou ne pas achetter ses ouvrages, que quant j'en voudrois, il me les cederoit au prix courant, et que, comme j'étois son ami, il me donneroit des plus belles épreuves avec mon argent. Demandés-moi si l'on ne devroit point mettre au cachot un tel ingrat, un pareil belitre, en un mot, un sot de cet espèce ? Ce seroit là le câs de sévir contre ces gens-là. On leur feroit beaucoup de bien et beaucoup d'honneur de conserver leurs talents et de corriger leurs erreurs ou leur vile avarice.

Hugues-Adrien Joly,
*Lettres à Karl Henrich Von Heinecken,*
*1772-1789,*
Paris, Bibliothèque nationale, 1988

*Et le principe même du dépôt légal rencontre l'hostilité de quelques détracteurs, effrayés par cette impossible quête de l'exhaustivité.*

Outre la vocation de contrôle des publications par un service du ministère de l'Intérieur qui, elle, est parfaitement claire, la vocation de conservation du patrimoine imprimé, confiée à la Bibliothèque nationale, n'est pas moins hallucinante. Passe encore pour les livres : ils tiennent peu de place, et si, comme tout le monde le réclame, on embauchait quelques dizaines de milliers de conservateurs de plus, l'affaire serait vite réglée.

Mais songez aux affiches : oui, toute affiche placardée en France est soumise au dépôt légal. Epargnons même les concours de belote, les soldes et les avis municipaux, contentons-nous des campagnes nationales (ce qui est déjà une interprétation restrictive insoutenable de la loi). Il s'agit d'affiches de grand format : celles-là doivent être imprimées sur des machines spéciales, que l'on peut facilement repérer. Donc elles arrivent à la Bibliothèque nationale. Généralement, elles y arrivent en seize morceaux, chaque morceau étant plié en quatre. Elles arrivent par mètres cubes et l'on a renoncé à les déplier, ce qui, d'ailleurs, vu la mauvaise qualité du papier, les endommagerait. C'est une décision fort sage car, à supposer qu'on les catalogue (ce qui ne demanderait que quelques centaines de bibliothécaires de plus), il serait impossible de les communiquer (quelle table, quel rayonnage aberrants devrait-on concevoir pour mettre à plat une affiche faite pour être vue sur un immeuble ?), et, de toute façon, le papier en est périssable. Il est donc indispensable de ne jamais les déplier avant leur décomposition spontanée. Pourtant, on empile les affiches à la Bibliothèque nationale. Je le sais : je l'ai fait avec scrupule et désespoir. Je me suis même posé souvent la question : pourquoi empilé-je des affiches pliées en quatre ? Et une autre hallucination m'est venue : pourquoi pas les annonces publicitaires peintes à même les murs, sculptées en polystyrène, ou en tôle émaillée ? Pourquoi seulement les affiches ? Or la réponse est simple : c'est qu'on peut les plier en quatre et les empiler, ce qui est impossible avec la tôle émaillée. Certes, c'est bien là tout ce que l'on peut en faire, mais l'honneur est sauf.

Ne croyez pas que j'exagère ni que je ridiculise les fonctionnaires français. J'ai

Les bureaux du dépôt légal, pour les livres et périodiques, à la fin du siècle dernier.

été jusqu'à visiter la bibliothèque Lénine, la bibliothèque du Congrès, la bibliothèque de la Diète et partout j'ai demandé ce que l'on faisait des affiches. Et partout on les empile. Les pays moins riches ne se posent pas le problème. Un collègue, qui avait fait sa «coopération» comme archiviste dans un pays pauvre où les constructions étaient légères et les vents très forts, voyait son problème résolu tous les six mois par la tornade locale, fidèle magasinière.

Passons aux photographies. Elles sont empilables, donc elles doivent être conservées. Je n'entrerai pas dans les querelles byzantines qui en font un objet tantôt d'archives (la marche des services), tantôt de dépôt légal (l'objet édité), tantôt même de musée. Quelles photos? Toutes les photos proposées à la vente ou à la location. La seule agence Sygma en a accumulé, en peu d'années, quinze millions au milieu desquelles elle a toutes les peines du monde à se retrouver elle-même. Mais passons encore sur les chiffres, cela devient lassant. Quoi dans la photo? La misérable impression de votre journal quotidien? Inadmissible, disent en chœur les historiens futurs, où sont nos «séries»? Donc le reportage original et intégral et même, bien sûr, et surtout la pellicule. Donc toute pellicule insolée dans un but commercial ou public est soumise au dépôt légal. Quid des photomatons mi-publics, mi-privés? Quid du Polaroïd? Sujets marginaux à traiter en congrès. De toute façon, les intérêts du commerce, qui ont le plus souvent le dessus, s'y opposent. On attendra donc la faillite de l'agence pour récupérer les fonds. Hélas, les agences font faillite, les journaux sont vendus, les «associations loi de 1901» sont dissoutes à un rythme tel que je me suis épuisé à courir après les millions de négatifs

photographiques non déposés à la Bibliothèque nationale. Il aurait fallu mille bibliothécaires de plus et autant de juristes pour débrouiller les problèmes de droit, car avoir le devoir de conserver ne veut pas dire avoir le droit de montrer.

En fait, on le voit bien, le dépôt légal est un tonneau des Danaïdes et il y a là non une question de moyens mais une question de principes. Avant d'embaucher encore à la Bibliothèque nationale, il faudra entreprendre une sérieuse cure de désintoxication par l'histoire. Car enfin, quand nous aurons résolu le problème des affiches et celui des photographies, il y aura les photocopies, les éditions sur machine à traitement de texte, puisque aujourd'hui tout un chacun peut avoir sur son bureau une petite imprimerie intégrée. J'ai, l'autre jour, vu sur les boulevards un camelot qui proposait des fioles d'un liquide capable de transférer sur n'importe quel support (et notamment sur les tee-shirts) n'importe quelle image imprimée (et notamment les bandes dessinées). Outre que j'observais que cet homme enfreignait ostensiblement la loi du droit d'auteur, je me suis demandé s'il ne fallait pas imposer à chacun de ses clients d'aller déposer ne serait-ce qu'un seul exemplaire de leur chemise à la Bibliothèque nationale, qui d'ailleurs n'était pas bien loin.

Michel Melot,
«Des archives considérées comme une substance hallucinogène»,
*Traverses,* n° 36, janvier 1986

*Le dépôt légal ne suffit pas. La Bibliothèque suscite des dons, pratique des échanges, et achète. Donner à la Bibliothèque nationale, n'est-ce pas s'assurer une part d'immortalité?*

Me trouvant seul possesseur d'une assès grande bibliothèque, composée de toutes sortes de bons livres, curieusement reliés et amassés avecq une recherche et dépense extraordinaire, tant par Me Claude Dupuy, mon père, conseiller du roy en sa cour de parlement, de très-glorieuse mémoire, que par mes frères Christophe, Augustin, Pierre et moy, et ayant veu avecq desplaisir depuis plusieurs années qu'un grand nombre de rares et bonnes librairies, amassées avecq jugement par des personnes de condition et de grande érudition, ont esté vendues et misérablement dispersées pour estre tombées entre les mains de personnes avares, ou qui n'avaient nulle affection aux livres, ny aucune congnoissance des bonnes lettres, il m'a semblé estre important pour le public qu'un choix de livres, si exquis et si bien ordonné, comme est celui de ma bibliothèque, ne soit dissipé, ce que je prévoy infailliblement devoir arriver après mon décès, au cas que je n'en aye disposé auparavant. Une aultre raison aussy, qui m'a grandement fortifié dans cette résolution est que mon frère Pierre, conseiller du roy en ses conseils, le dernier décédé de mes frères, tant par son testament que par les discours qu'il m'a tenus pendant sa maladie et peu de jours avant son décès, m'a conjuré plusieurs fois de ne souffrir la dissipation d'un meuble si precieux; de sorte qu'ayant toujours vescu ensemble dans une parfaite union et amitié très-estroite, et ayant conformé mes sentiments, autant que j'ay peu, aux siens, j'ay jugé à propos, pour conserver ma dicte bibliothèque en son entier, et en empescher, autant qu'il se peut, la dissipation, d'en tester au profit du roy… Je lègue et donne à Sa Majesté ma bibliothèque, comme aussi mes anciens manuscrits, tant ceux que mon père nous a laissez que les autres qui y ont esté adjoustez depuis sa mort, ensemble les deux volumes in-folio, escrips de ma main, contenant l'inventaire ou catalogue tant de mes dits livres imprimés que manuscrits.

Testament de Jacques Dupuy, 1652,
cité dans Mortreuil,
*La Bibliothèque nationale,
ses origines et ses accroissements,*
Paris, Champion, 1878

*Le département des Manuscrits s'attache depuis de nombreuses années à rassembler les manuscrits des grands écrivains, qui constituent une source irremplaçable pour l'étude de leur œuvre. Victor Hugo fut un des premiers à léguer à la Bibliothèque nationale la totalité de ses manuscrits. Roger Pierrot, ancien conservateur en chef du département, nous retrace ici dans quelles conditions. Il montre aussi comment le progrès technique annonce la fin d'un certain type de documents.*

Dans la correspondance et les notes de Victor Hugo, il est souvent question de «malles aux manuscrits». Au moment de la fuite en Belgique, après le Coup d'Etat du Deux Décembre, Juliette Drouet avait été chargée de veiller sur les trésors contenus dans une malle. Cette malle après bien des tribulations suit son propriétaire à Jersey puis à Guernesey. [….]

Après la débâcle impériale de 1870, Hugo rentrant en France enferma ses manuscrits dans une grande malle métallique qu'il déposa dans une banque de Guernesey. Une autre malle était confiée à sa belle-sœur Julie Chenay. En 1878, après un séjour à Guernesey, Hugo s'installe avenue d'Eylau (aujourd'hui, 124, avenue d'Eylau); dans sa chambre,

L e manuscrit est le seul type de document conservé à la Bibliothèque nationale qui échappe au dépôt légal. Ci-dessus, le manuscrit de *Télémaque* de Fénelon.

il fait aménager une armoire de fer où les manuscrits de ses œuvres inédites sont gardés sous clés.

Le 31 août 1881, dans un codicille testamentaire, il exprimait ainsi ses volontés :

«Je donne tous mes manuscrits et tout ce qui sera trouvé écrit ou dessiné par moi à la Bibliothèque nationale de Paris, qui sera un jour la Bibliothèque des Etats-Unis d'Europe.» Ce texte a eu une influence considérable sur l'évolution de l'orientation des collections modernes du département des Manuscrits, il marque un point de départ pour la constitution des fonds de manuscrits littéraires modernes.

Après la mort de Victor Hugo et l'ouverture de son testament, Paul Meurice, un de ses exécuteurs testamentaires, se rendit à Guernesey pour récupérer les manuscrits qui s'y trouvaient encore. Un inventaire soigneux fut établi par Me Gâtine qui estampilla tous les documents trouvés dans la succession. Le legs fut définitivement accepté en 1892 avec l'entrée sur nos rayons d'une partie du fonds (34 volumes), une autre partie restant aux mains des exécuteurs testamentaires, chargés de l'édition des Œuvres complètes, dites de l'Imprimerie nationale, qui effectuèrent des versements au fur et à mesure de l'avancement de leur travail. Le «cachet Gâtine» a permis à plusieurs reprises de revendiquer des papiers qui s'étaient égarés… dans le commerce. Définitivement inscrit dans les Nouvelles acquisitions françaises en 1952 (270 volumes, n. a. fr. 13340-13493 et 24735-24810), le fonds Hugo a été systématiquement enrichi par des dons ou des achats, par Drouet à Victor Hugo, pendant cinquante ans de 1833 à 1882, réunis maintenant en 82 volumes (N. a. fr. 16322-16403).

L'exemple de Victor Hugo fut rapidement imité, de très importants dons et legs étant enregistrés de 1890 à 1914 :

1890 : Edgar Quinet. Œuvres, papiers et correspondance.
1894 : Ernest Renan. Œuvres et papiers.
1897 : Lamartine. Œuvres.
1900 : Thiers. Papiers.
1901 : E. et J. de Goncourt. Journal et correspondance reçue.
1904 : Brantôme. Œuvres.
1904 : Emile Zola. Œuvres.
1910 : Anatole France. Œuvres.
1911 : Eugène Scribe. Œuvres et correspondance.
1914 : Gustave Flaubert. Scénarios, brouillons et manuscrits de *Salammbô*, *La Tentation de saint Antoine* et *Trois Contes*. [...]

Comment ne pas avoir l'impression d'être au début d'un âge d'or pour les collections littéraires de cette maison et pour les spécialistes du XIXᵉ siècle et du début du XXᵉ siècle ? C'est l'âge d'or de l'avant-texte, des brouillons, des variantes et repentirs, des études génétiques. Mais cet âge d'or durera-t-il avec les écrivains qui tapent directement leur texte, jetant souvent l'original couvert de ratures pour ne nous laisser que des «carbones» fragiles et moins corrigés ? Durera-t-il avec les écrivains qui «disent leur texte» devant un magnétophone ?

*Bulletin de la Bibliothèque nationale,*
décembre 1979

*Dès Colbert, des missions sont envoyées vers l'Orient, en quête de manuscrits rares.*

## «Memoire pour M. de Monceaux, trésorier de France, à Caen, estant présentement dans le Levant (1667)»

Monseigneur Colbert m'a ordonné de prier M. de Monceaux de prendre, s'il luy plaist, la peine de rechercher pendant ses voyages avec le plus de soin qu'il pourra de bons manuscrits anciens, en grec, en arabe, en persan et autres langues orientales, excepté en hébreu, parce que nous en avons icy quantité, et de les vouloir achepter pour le roy. Les caloyers et autres moynes grecs, comme aussy les maronites du mont Liban, luy en indiqueront quantité de grecs et arabes. Pour les persans je ne sçache pas qu'il en puisse trouver plus facilement que dans la Perse. Mais il prendra garde, s'il luy plaist, que les uns et les autres soient entiers et parfaits. Les plus anciens sont ordinairement les meilleurs, et, en ce qui est des grecs, l'ancienneté se connoist entre autres choses, en ce qu'ils sont escrits en gros caractères et la plus part sans accents. Il y a encore d'autres marques de cette ancienneté et de leur bonté, dont M. de Monceaux sera mieux instruit par les gens du pays et par sa propre connoissance que je ne sçaurois luy marquer dans ce mémoire.

Pour ce qui est des matières dont peuvent traitter ces manuscrits, celles de la religion sont les plus recherchées, comme les traittez des pères grecs, les anciens concils ou synodes et l'histoire ecclésiastique. Après cela, l'histoire séculière, la géographie, la philosopie, la médecine et ce qui regarde toutes les parties des mathématiques. Il se rencontre plusieurs autheurs de ces sciences, aussy bien en arabe qu'en grec, jusques là mesme que quantité de livres anciens, qui ont esté escrits originairement en grec et en latin, et qui ne se trouvent plus en leur langue, se trouvent traduits en arabe, parce que ce peuple s'estant rendu le maistre des sciences de mesme qu'il a chassé les Grecs de leur pays, s'en est approprié les ouvrages. J'ay veu autrefois un illustre voyageur, qui m'a assuré avoir veu dans le Levant les livres de Tite Live qui nous manquent, ceux d'Apollonius Pergæus, de Diophante Alexandrin et quantité d'autres traduits en arabe. Il y a quantité de ces manuscrits dans la célèbre bibliothèque du roy de Maroc : un particulier trouva moyen, il y a quelques années, d'en emporter plusieurs bales, que lui volèrent les Espagnols et les firent conduire dans l'Escurial, où elles sont encore présentement.

Il fera encore, s'il luy plaist, recherche de beaux maroquins, dont les peaux soient grandes en sorte qu'on puisse prendre commodément dans chacune la reliure de deux grands livres in-folio.

S'il peut en faire venir des vertes aussy facilement que des incarnates, il prendra la peine d'en envoyer quatre ou cinq cents ; et des incarnates il en faudroit mil ou douze cents. M. Arnou en a desja envoyé quelques unes de Marseille ; mais il n'a pu en recouvrer des vertes, parce que les marchands ont de la peine d'en faire venir de cette couleur.

Cité par Léopold Delisle,
*Le Cabinet des Manuscrits.*
*Etude sur la formation de ce dépôt,*
Paris, 1868-1881

*Dans l'enthousiasme de la Révolution et*
*dans le sillage des armées, les*
*confiscations ont succédé aux dons, mais*
*seront souvent restituées quelques années*
*plus tard. Les méthodes sont parfois un*
*peu expéditives, comme en témoigne la*
*lettre de Leblond, envoyé en mission en*
*Belgique par le Comité de salut public*

Coblentz, le 18 nivôse l'an 3e

Citoyen,

Votre zèle pour le progrès des sciences et des arts m'étant bien connu, j'ai cru devoir vous rendre compte de mes opérations particulières dans la Belgique et les païs occupés par les armées du Nord et de Sambre-et-Meuse. [...]

Un petit voyage dans trois abbaïes voisines de Bruxelles : celles de Dilighem, de Grimberg, d'Afflinghem me procura quelques ouvrages de choix : je mis le scellé sur la Bibliothèque de l'abbaïe d'Afflinghem, ayant remarqué un assez grand nombre d'ouvrages intéressans dont je ne pus alors retirer que huit volumes pour placer dans ma voiture.

De retour à Bruxelles, le C. Laurent m'engagea à venir à Malines où il se rendoit à l'instant ; j'en informai mes collègues et nous partîmes le lendemain pour cette ville. Nous descendîmes à l'Archevêché où nous trouvâmes le C. Laurent occupé, dans la Bibliothèque, à faire encaisser les livres qu'il avait choisis : le reste du triage, avec celui que je fis dans quelques bibliothèques de moines, à Malines, fournit huit autres caisses en tout 24, que je fis expédier pour Lille avec incitation de les faire parvenir à Paris. Cette opération s'étant faite en deux jours, il ne m'a pas été possible de faire un catalogue. [...]

C'est à Cologne que nous avons brillé. Vingt-cinq caisses de livres parmi lesquelles il y en a quatre d'estampes et de dessins ; trois couleuvrines, dont une fondue en 1400, des médailles et des monumens antiques, des fragmens d'une mosaïque, voilà ce que cette ancienne ville des Ubiens a fourni à la République. J'ai la note de tous ces

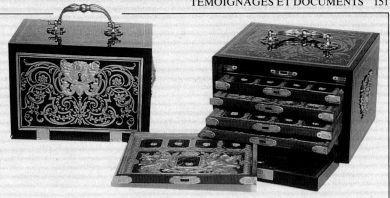

Les médailliers de Condé, confisqués pendant la Révolution, et conservés aujourd'hui au Cabinet des Médailles.

objets, qui doivent être arrivés à Paris. Heureusement ils ont échappé aux émigrés, qui se sont contentés d'enlever les reliques des trois Rois Mages, de l'argent, de l'or et quelques pierreries.

A Bonn, l'Electeur a fait passer le Rhin à sa bibliothèque et à une partie de son cabinet d'histoire naturelle dont il n'a laissé que la collection d'oiseaux et de quadrupèdes. Cet enlèvement de livres me faisant faute, je m'en suis dédommagé sur les émigrés, chez lesquels j'ai trouvé une collection presque complète de droit public; beaucoup de littérature allemande, et d'autres bons livres en différens genres… Mon envoi de Bonn est composé de dix-neuf caisses. Si nous n'avons pas les livres de l'Electeur, nous avons le corps de bibliothèque qui les contenoît; il est en bois d'acajou et magnifiquement doré. Le C. de Wailly notre collègue l'a fait encaisser avec beaucoup de soins, il est dans les vingt-sept grandes caisses.

Enfin nous sommes à Coblentz, terre maudite et pourtant admirable. L'esprit public y est très mauvais et la nature y est belle et variée. Là sont fixées les limites de notre mission, nos pouvoirs n'étant que pour les armées du Nord et de Sambre-et-Meuse. J'ai demandé à Coblentz quelques renseignements sur les bibliothèques et cabinets de la ville : les réponses n'étoient point du tout satisfaisantes; mais il me suffit d'abord d'appercevoir des clochers : ils me servent de guides. J'ai donc pris le parti de visiter les maisons des moines, et j'ai trouvé environ trois cents volumes assez précieux chez les Carmes, les Récollets, et surtout chez les Dominicains. J'étois déjà honteux de quitter une ville odieuse sans y lever une plus forte contribution, lorsque le nom de Jésuites frappa mes oreilles : or je suis passionné pour les bibliothèques des Jésuites. Je me fis donc conduire à la maison qu'occupoient ces bons Pères : après bien des difficultés, je trouvai quarante-six caisses de livres fort bien conditionnées, et toutes prêtes à passer le Rhin; j'en fis ouvrir deux au hasard : elles me donnèrent si bonne opinion du reste que je les fis renfermer et que je m'emparai de la salle où elles étoient déposées. Le lendemain, je me mis en mesure pour en faire charger quelques-unes sur le peu de voitures que j'avois pu obtenir. Un municipal qui fut appelé me fit beaucoup de représentations : elles ne me parurent point fondées, et quatorze caisses furent chargées sur sept voitures, en attendant que je puisse faire charger le reste. Le grand argument du municipal consistoit à dire qu'il y avoit beaucoup de livres médiocres et mauvais dans ces caisses et qu'il n'estimoit pas le tout dix mille livres. Je lui ai répondu que si son estimation étoit exacte, ce seroit une petite perte pour Coblentz, que si au contraire elle devoit s'élever à la somme de dix millions, ce seroit un très faible dédommagement pour la France ; et sans autre examen les quarante-six caisses sont demeurées au pouvoir de la République. Sans doute il s'y trouvera quelques livres de rebut ; mais le port ne coûte rien, ou presque rien ; et puis il aurait fallu trop de temps et trop de frais pour faire un triage. Je vais faire partir le tout pour Paris.

Maintenant nous allons revenir sur nos pas, et à peine ai-je fait la moitié de ma récolte. Louvain, Anvers, Gand, Tournai, Ypres, Bruges, Ostende et plusieurs autres villes sont encore à exploiter.

Cité dans les *Actes du 92e Congrès national des Sociétés savantes, 1967*, Paris, Bibliothèque nationale, 1970

*Ces confiscations se heurtèrent à certaines résistances, comme en témoigne ce procès-verbal du 30 septembre 1991 relatant le prélèvement de plusieurs pièces du trésor de l'abbaye de Saint-Denis.*

[Nous] nous sommes transportés à Saint-Denis en ladite abbaye, où étant en présence de M. le Président du Directoire du district de Saint-Denis, M. le Procureur syndic dudit Directoire, de M. le maire de Saint-Denis et de M. le procureur de la commune de laditte ville, nous avons annoncé l'objet de notre transport, avons fait lecture de la loi du douze septembre et de l'arrêté du Directoire du Département de Paris qui contient nos pouvoirs. Sur quoi nous avons été conduits au Trésor de la cy-devant abbaye de Saint-Denis, où, en présence de dom Charles François Verneuil, prieur de la cy-devant abbaye, dom Pierre Dieuzy, trésorier, nous a fait ouverture du Trésor et des armoires où sont contenus les effets qui le composent, et après examen fait par MM. Le Blond et Mongez de toutes les pièces et meubles qui composent ledit Trésor, ils ont reconnu qu'il n'existoit, comme pouvant être considérés comme monuments d'arts et sciences, que les pièces suivantes :

1. Une cuve de porphyre qui était dans l'église.

2. Le fauteuil de bronze connu sous le nom de fauteuil de Dagobert.

3. Un camée gravé sur une agate onyx qu'on croit représenter une tête de Germanicus, lequel était un reliquaire dit de saint Cloud.

4. Une sardoine rougeâtre en camée, représentant la tête d'Auguste couronnée de feuilles de chêne. [...] Toutes lesquelles pièces, après avoir fait dessertir celles désignées sous les n° 3 et 4, nous ont été délivrées pour être transportées aux termes et en exécution de la loi, à l'exception des deux premiers articles que nous n'avons pu transporter à cause de leur volume, nous les avons laissées à la garde de dom Dieuzy, qui a promis les laisser enlever à la première réquisition de M. le maire de Saint-Denis, lequel s'est obligé de les faire transporter le plus tôt possible à Paris, au Cabinet des Antiques, rue de Richelieu et les faire remettre au garde de cet établissement sous son récépissé.

Pièce d'échec du XIe siècle en ivoire, provenant du jeu dit de Charlemagne et prélevée du trésor de Saint-Denis à la Révolution.

A l'égard des autres pièces ci-dessus désignées, après les avoir fait renfermer et emballer avec soin, nous nous en sommes chargés pour les faire conduire à Paris et les remettre aux préposés chargés de les recevoir.

Pendant que nous procédions à l'exécution de notre commission, MM. le maire et procureur de la commune de Saint-Denis ont fait la réquisition suivante :

Qu'ils ne connoissoient le décret dont il s'agit que par les papiers publiés qui annonçoient seulement l'enlèvement du Trésor et le transport à Paris de quelques médailles et autres pièces antiques, et qu'ils ne les connoissent même pas encore; que si la commune eût pensé qu'il seroit retiré du Trésor touttes les pièces précieuses cy-dessus décrites, elle se seroit empressée de présenter une pétition à l'Assemblée nationale, à l'effet de la supplier de retirer son décret, dont l'exécution fait un tort d'autant plus considérable à la ville de Saint-Denis, que les Antiques qui viennent d'être retirées du Trésor sont précisément celles qui attiroient beaucoup d'étrangers et de savans à Saint-Denis, qui s'y arrêtoient pour y dîner, coucher et même y séjourner, et y faisoient une consommation dont cette ville va se trouver privée; que ses habitans méritent d'autant plus la sollicitude de l'Assemblée nationale, qu'ils perdent par l'effet de la Révolution tous les avantages dont cette ville jouissoit, sans être indemnisés par aucun, ce qui opère une émigration déjà très considérable; qu'en conséquence, sans entendre s'opposer à l'exécution de la loi, ils prient cependant Messieurs les Commissaires du Département de vouloir bien suspendre leur mission jusqu'à ce que la commune ait fait parvenir ses réclamations à la prochaine législature, de la justice de laquelle elle ose espérer la suppression d'un décret qui achève de ruiner Saint-Denis sans enrichir la capitale; qu'ils les prient également de leur faire délivrer une copie autentique de leur procès-verbal contenant les objets désignés comme devant être retirés du Trésor, et ont signé. Signé : Pelletier, maire, et Noël, procureur de la commune.

Sur quoi nous avons considéré qu'il n'étoit pas en notre pouvoir de statuer sur l'objet de cette réquisition et que nous ne pouvions suspendre ni retarder l'exécution de la loi sans manquer à la Commission qui nous a été conférée, et sans en excéder les limites.

Cité par Ernest Babelon,
*Catalogue des camées antiques et modernes de la Bibliothèque nationale,*
1897

# L'ennemi de l'intérieur

*La mission de conservation des bibliothèques nationales ne s'est heurtée qu'à celle, longtemps jugée contradictoire, de la communication. L'évolution des modes de fabrication du papier à partir des années 1850 fait planer une menace beaucoup plus sérieuse, quoique tardivement reconnue.*

Galeries de la salle Labrouste.

## «L'autodestruction du papier menace les collections. S.O.S. pour la Bibliothèque nationale»

La Bibliothèque nationale (10 millions de livres, 300 000 titres de périodiques, 12 millions d'estampes, 800 000 cartes et plans, 1,5 million de livres et brochures de musique, 100 000 affiches, des centaines de milliers de photographies anciennes) est une des plus riches institutions de ce genre au monde. Mais sa mission essentielle, qui est de rassembler dans son intégralité la production imprimée française, est gravement menacée. Actuellement, «90 000 volumes sont si abîmés qu'ils n'existent pratiquement plus; [...] 7 000 000 de feuilles [de périodiques] ne sont guère utilisables. 36 000 cartes, 375 000 estampes, 300 000 photographies, 337 770 documents musicaux, 31 000 manuscrits sont aussi dans un état très critique».

Cette description, donnée le 21 juin par M. Robert Poujade, président du conseil d'administration de la Bibliothèque nationale (B.N.), est véritablement dramatique. Elle n'est pas particulière à la B.N. : les autres grandes bibliothèques nationales – aux Etats-Unis, en Grande-Bretagne, en Allemagne fédérale notamment – et toutes les bibliothèques du monde, petites et grandes, sont confrontées au même problème : la plupart des papiers fabriqués à partir du bois depuis un siècle s'autodétruisent.

Divers éléments interviennent dans ce phénomène de disparition. Les «pâtes mécaniques» contiennent, en plus de la cellulose, des impuretés variées, en particulier de la lignine qui se décompose à la lumière du jour. Les papiers de journaux – les plus mauvais en qualité – sont faits de 20 à 30 % de lignine…

Les «pâtes chimiques», certes, sont débarrassées (par traitement chimique) de tout ce qui n'est pas cellulose. Mais tous les papiers doivent être encollés – pour devenir hydrophobes, donc aptes à retenir l'encre – et, malheureusement, l'encollage le moins cher et le plus courant est à base de résine. Or cette résine ne peut être fixée sur les fibres de cellulose que par du sulfate d'aluminium en milieu acide et l'acidification du papier rend celui-ci cassant et lui fait perdre sa résistance mécanique. Outre l'acidité propre du papier, celle-ci peut être due aussi à l'oxydation de la cellulose sous l'effet d'une humidité ou d'une chaleur excessives, des rayons ultraviolets, ou encore celle de l'air. Mais quelle que soit la cause de l'«acidification» du papier, le résultat est le même : la longévité du document est menacée.

On sait faire, certes, du papier neutre depuis une vingtaine d'années. Ainsi, le *permalite paper* américain est-il fait à 100 % de pâte chimique avec encollage neutre. Mais ce type de papier devrait être acheté – fort cher – à l'étranger. Toutefois de grosses entreprises papetières françaises étudient actuellement la fabrication de papiers neutres.

## Deux actions immédiates

En 1977 et au début de 1978, une enquête statistique a révélé la gravité du péril menaçant les collections inestimables et irremplaçables de la Bibliothèque nationale. Alarmé, à juste titre, par cette situation catastrophique, l'administrateur général de la Bibliothèque nationale, M. Georges Le Rider, a alerté Mme Saunier-Seïté, ministre des Universités (tuteur de la B.N.), et M. Aigrain, secrétaire d'Etat à la Recherche. M. Maurice Caillet, inspecteur général des bibliothèques, a été chargé de faire une étude approfondie, et le 15 mai dernier, il a remis son rapport définitif dans lequel il préconise deux actions immédiates :

– la photographie des documents en péril qui seront ainsi utilisables sur microfilms et microfiches;

– la restauration des originaux (seuls garants d'authenticité) et leur reliure systématique.

A cela s'ajoute, bien évidemment, l'intensification des études faites, depuis 1963, par le Centre de recherches sur la conservation des arts graphiques dépendant à la fois du C.N.R.S., du Muséum national d'histoire naturelle, des directions des bibliothèques, des archives et des musées.

Il faut arriver à la «désacidification» de masse des papiers : l'opération est réalisée artisanalement en baignant le papier feuille par feuille. Le procédé «industriel», par containers entiers, pourrait être au point dans un avenir relativement proche.

Pour mener à bien l'ensemble de ce programme de sauvegarde, il faut beaucoup d'argent, de place et de personnel très qualifié. Bientôt un projet de loi sera proposé au Parlement qui doterait la B.N. d'une subvention annuelle de 10 millions de francs depuis 1980 et jusqu'à ce que tout ce qui peut être sauvé soit hors de danger (cela prendrait dix ou quinze ans au moins).

Yvonne Rebeyrol,
*Le Monde*,
23 juin 1979

# __Déménager__

*On a souvent rêvé de déménager. Mais l'ampleur de la tâche a de quoi décourager les meilleures volontés. La fragilité des collections exige des préparatifs minutieux. Leur ampleur nécessite un personnel nombreux, peut-être même organisé militairement ! Et puis, on est si bien chez soi, pourquoi partir ?*

*Une note de La Porte du Theil, conservateur au département des Manuscrits, montre qu'une bonne organisation est la condition d'un déménagement réussi.*

En brumaire an V, il a été apporté à la Bibliothèque nationale et remis au département des manuscrits les manuscrits provenant des dépôts littéraires provisoires. La remise de ces manuscrits et leur transport à la Bibliothèque nationale ont dû forcément être une affaire de confiance, tant de la part des conservateurs de la Bibliothèque nationale que de celle des conservateurs des dépôts provisoires. Les conservateurs des dépôts provisoires ne pouvoient justifier l'exactitude de leurs catalogues, attendu que les différentes bibliothèques ou fonds dont les manuscrits avoient été tirés étoient la plupart confondus. Les conservateurs de la Bibliothèque nationale ne pouvoient s'assurer complètement de la remise effective, du nombre et de l'espèce des volumes qui leur étoient envoyés et apportés, attendu que, d'une part, les jours, les heures, le moment où

les volumes se chargeoient aux dépôts provisoires n'étoient nullement fixes, parce que tout cela dépendoit du service des voitures du gouvernement, qui le plus souvent ne venoient pas au jour promis, et venoient ensuite au jour non convenu, mais toujours à des heures point fixes, et faisoient un nombre de voyages arbitraire. De l'autre part, tout manquoit pour reconnoître et assembler des paquets; les ficelles même n'existoient pas, et on ne pouvoit s'en procurer. On avoit peu de bras. Le gouvernement ne payoit rien. On étoit donc trop content d'entasser les livres dans les voitures qu'on avoit; il en arrivoit le nombre qu'il se pouvoit, et comme, d'un autre côté, les choses n'étoient point encore préparées à la Bibliothèque nationale pour placer les volumes à fur et à mesure, il a dû nécessairement s'introduire bien de la confusion dans les différents fonds.

Cité par Léopold Delisle,
*Le Cabinet des Manuscrits*
*Etude sur la formation de ce dépôt*,
Paris, 1868-1881

### «Comment déménager une bibliothèque nationale. Propositions du député Ramel au Conseil des Cinq-Cents (8 pluviôse, an IV)»

1o La bibliothèque nationale sera transportée de la manière suivante.

2o Les livres de la bibliothèque nationale seront attachés, chaque in-folio, en un seul paquet; les in-4o, deux à deux; les in-8o, quatre à quatre, et les in-12, six à six, autant que faire se pourra, avec un cordon passé dans une carte inscrite du numéro d'ordre.

3o Ces livres seront retirés des tablettes, et placés en pile au milieu de la galerie où ils sont actuellement déposés. [...]

5o Les tablettes de la bibliothèque, rue de la Loi [rue de Richelieu], seront transportées dans l'ancienne galerie du Louvre.

6o Lorsque les tablettes seront établies, les douze nouveaux arrondissements de Paris enverront chacun mille hommes, le jour de décade qui sera indiqué.

7o Ces citoyens seront rangés sur six files dans les rues qui communiquent de la bibliothèque nationale à la galerie; leur ligne se prolongera dans l'étendue des deux bâtimens. [...]

10o Au signal donné, les livres seront levés dans la bibliothèque, rue de la Loi, et transmis de main en main jusqu'à la galerie; ils y seront mis en pile comme ils l'étaient à la rue de la Loi. [...]

13o Le transport étant effectué, les employés à la bibliothèque remettront les livres dans les places qu'ils doivent occuper sur les tablettes.

14o Le local occupé par la bibliothèque, rue de la Loi, sera vendu, sauf les parties réservées pour être réunies à la trésorerie nationale, ou former une place devant le théâtre des Arts.

*Les propositions originales ne manquent pas, et un véritable débat s'installe dans les colonnes du quotidien* La Presse *en 1845 : le comte de Laborde, partisan du maintien sur place, et Letronne, favorable au déménagement, polémiquent sur la nécessité et la façon de déplacer les collections.*

Ne parle-t-on pas bien à la légère de ce déménagement? On s'en effrayait et je m'en effraie encore. Dans le déplacement de la bibliothèque des jésuites, à Varsovie, il se perdit près de cent mille volumes [...]. La bibliothèque d'Este fut à moitié perdue dans sa translation à Modène, en 1598 [...]. Ces faits en disent assez. Sans doute, j'aime à à le croire, le nouveau déplacement s'opérera avec plus de soin, d'ordre, d'intelligence, comme cela s'est fait à Munich dans la récente translation de la bibliothèque royale [...]. Un savant académicien a prouvé sans peine que le déménagement dans des paniers d'une forme régulière, entassés dans des voitures, pouvait être à la fois aussi rapide et plus facile; il trouva même son idée si bonne, que l'espérance de la voir mettre à exécution fut pour beaucoup dans l'opinion qu'il émit sur le plus ou moins de convenance du déplacement de la Bibliothèque royale.

Qu'on opère cette translation à bras ou en voitures dans des paniers ou dans des caisses, elle sera fatale à nos richesses bibliographiques, et voici pourquoi. Notre grand dépôt national a dû sa célébrité, moins au nombre de ses volumes qu'à l'admirable conservation de ses manuscrits à miniatures, qu'à la beauté de ses éditions, à la richesse des reliures; et je ne parle pas de ses médailles si fines, de ses antiquités si délicates, si fragiles. Pas un seul de ces volumes ne peut se passer des soins les plus attentifs; c'est à cette condition qu'il a traversé les siècles. On le dépose délicatement devant le lecteur; celui-ci, s'il n'est un bourreau, l'ouvrira doucement, tournera chaque feuillet avec un soin pieux, et veillera à remettre sur les miniatures le morceau de soie qui les préserve du frottement depuis sept cents ans; s'il a demandé le livre pour examiner la reliure, il évitera, dans son inspection, d'y faire la moindre égratignure, et cette pression fatale qui, dans l'encaissement et le ballottage d'un transport, fait craquer le cuir séculaire et crever ces dos délicats. Le cœur d'un amateur de livres, d'un ami des arts, saignera en pensant que ces vétérans de la calligraphie, de la peinture, de l'imprimerie, de la reliure, vont être soumis comme des jeunes gens à tous les hasards d'un voyage; eux que protégeait l'heureuse indifférence du grand public, qui les laissait tranquilles sur leurs tablettes, pressés les uns contre les autres, et se prêtant un mutuel appui, ils vont passer dans les brutales mains de mercenaires maladroits; on va les entasser pêle-mêle, les fouler dans les caisses, les jeter dans les voitures et sur notre infâme pavé, les frapper de mille chocs que redoubleront, à chaque pas, les affreux contre-coups de leurs ballottages. Si le déplacement a lieu, il comptera dans les annales de la Bibliothèque parmi les années les plus désastreuses, à côté de 93 et 1815. [...]

Francklin disait au peuple : «Deux déménagements valent un incendie.»

Le comte de Laborde,
*La Presse*, février 1845

## Réponse à M. Laborde

M. Léon de Laborde a été fort mal informé. [...] Lorsque la Commission eut terminé cet examen, un de ses membres, M. le baron Mounier, très porté pour la translation, demanda à être éclairé sur le temps et la dépense que cette opération pourrait exiger, et sur les moyens d'exécuter ce transport sans compromettre la sûreté des collections. [...] La Commission me fit l'honneur de me consulter. La difficulté m'avait préoccupé dès l'origine; aussi j'avais fait des recherches sur les moyens de simplifier et d'abréger le transport. Je peux donc déclarer à la Commission qu'on se faisait à cet égard des idées fort exagérées, et je pris l'engagement de lui apporter un travail complètement étudié sur cette question incidente. [...]

« **B**ibliothèque du Roy transportée à la Banque» : en 1721, le premier transfert. Il n'y avait qu'une rue à traverser!...

J'annonçai donc, à la séance suivante, que, par ce moyen, je me faisais fort de transférer tout ce que contenaient les quatre départements de la Bibliothèque royale en trois mois, avec une dépense de 30 000 l. au plus. Je n'y mettais qu'une condition, c'était qu'on ne transférerait aucun des objets contenus dans le local actuel avant que le nouveau bâtiment ne fût entièrement construit, garni de ses casiers, de ses armoires, et que la place que devraient y occuper les collections y fût marquée d'avance. [...]

Ce plan n'est plus seulement à l'état de projet ; il a déjà subi l'épreuve de l'expérience. La bibliothèque royale de Munich, qui contient plus de 700 000 volumes, a été récemment transférée dans un nouveau local. La translation,

qui s'est opérée par les moyens que j'avais proposés, n'a pas duré deux mois.

M. Letronne, garde général des archives du royaume, ancien directeur de la Bibliothèque royale,
*La Presse*, 10 mars 1845

### Réponse à la lettre de M. Letronne

Il s'agit du déménagement d'un million de volumes, de 1 500 000 gravures, de 80 000 manuscrits, et d'un grand nombre d'antiquités précieuses. M. Letronne ne voit là que transport, paniers, voitures, chiffres de manœuvres, chiffres de dépenses ; j'y vois le sort et la ruine de nos précieuses collections ; il serait difficile à ses deux extrémités de se rapprocher ; disons seulement que l'exemple de la translation des 700 000 volumes de Munich ne prouve rien. [...]

Reste donc l'invention des petits paniers à l'usage de la translation de notre Bibliothèque royale ; mais M. Letronne ne sait pas combien il est arriéré en fait de petits paniers. Je lui conseille, ainsi qu'à tous les entrepreneurs de déménagements, de s'adresser au portier de l'ancienne Bibliothèque Sainte-Geneviève. Il leur montrera le mode récemment suivi dans un tel déplacement. M. Labrouste, habile architecte, homme soigneux, a imaginé des caisses, espèces de travées portatives, dans lesquelles les livres conservent leur ordre et vont chercher tout rangés leur nouveau local. Pour moi, j'estime ces belles inventions ce qu'elles valent, et je les admire d'autant plus facilement qu'elles n'auront pas l'occasion, je l'espère bien, d'être appliquées à notre riche et précieux dépôt.

Le comte de Laborde,
membre de l'Institut

# Changement d'échelle

*Cette croissance ininterrompue, cette conservation pour l'éternité donnent le vertige. Il y a ceux qui souhaitent un déplacement des collections. D'autres croient trouver une solution dans la clôture des fonds. Pour d'autres encore, le progrès technologique de la fin du XXᵉ siècle pourrait sonner le glas de la bibliothèque de papier au profit de la bibliothèque virtuelle. En fin de compte, la Bibliothèque nationale de France pourrait bien avoir réalisé la synthèse de toutes ces propositions.*

Si la Bibliothèque nationale continue à s'enrichir de toutes les productions nouvelles, dans cent ans, elle sera absolument impraticable, et sa richesse même l'annulera. [...] Je ne conçois qu'un moyen de sauver cette précieuse collection et de la conserver maniable, c'est de la clore, et de déclarer, par exemple, qu'il n'y sera plus admis aucun livre postérieur à 1850. Un dépôt séparé serait ouvert pour les publications plus récentes. Il y a évidemment une limite où la richesse d'une bibliothèque devient un obstacle et un véritable appauvrissement, par l'impossibilité de s'y retrouver. Cette limite, je la crois atteinte.

Ernest Renan.
*L'Avenir de la science*, 1848

*Le 14 juillet 1988, le président de la République François Mitterrand annonce la création «de la plus grande et de la plus moderne bibliothèque du monde» au cours d'un entretien télévisé accordé à Yves Mourousi sur TF 1.*

Je veux que soient entrepris la construction et l'aménagement de l'une des ou de de la plus grande et de la plus moderne bibliothèque du monde. [...] Je veux une bibliothèque qui puisse

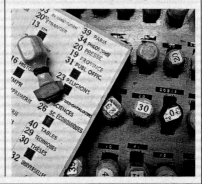

prendre en compte toutes les données du savoir dans toutes les disciplines et surtout qui puisse communiquer ce savoir à l'ensemble de ceux qui cherchent, ceux qui étudient, de ceux qui ont besoin d'apprendre, toutes les universités, les lycées, tous les chercheurs qui doivent trouver un appareil modernisé, informatisé et avoir immédiatement le renseignement qu'ils cherchent.

On pourra connecter cette bibliothèque nationale avec l'ensemble des grandes universités de l'Europe et nous aurons alors un instrument de recherche et de travail qui sera incomparable.

*L'évolution des nouvelles technologies modifie le contexte des bibliothèques, comme le constate Roland Schaer dans l'introduction au catalogue de l'exposition «Tous les savoirs du monde» organisée en 1996 à l'occasion de l'ouverture de la Bibliothèque sur le site de Tolbiac désormais appelé François-Mitterrand.*

Cette transformation de la Bibliothèque nationale de France intervient dans un contexte où les «technologies de la connaissance» traversent une mutation profonde, qui, précisément, affecte directement l'univers des bibliothèques. C'est une seconde raison de mettre l'encyclopédisme à l'ordre du jour.

Jalonnant l'histoire de la culture, l'écriture, le livre, la bibliothèque ont opéré comme autant de prothèses de la mémoire, de la parole et de l'intelligence. Puissance de ces inventions : elles ont démultiplié la capacité humaine d'enregistrer, de faire circuler, de transmettre, c'est-à-dire, respectivement, d'échanger avec soi-même, avec les autres et avec les morts.

La production socialisée de la connaissance s'en est trouvée prodigieusement accrue. Le XIXe siècle a vu naître d'autres machines, photographie, phonographie, cinématographie, par quoi le son et l'image ont à leur tour pu s'inscrire sur des mémoires matérielles et ouvrir de nouveaux champs documentaires. Nous sommes entrés dans une nouvelle turbulence.

Concernant l'enregistrement, le *graphein*, la nouveauté vient de la généralisation des techniques de numérisation. La puissance des mémoires matérielles s'en trouve accrue, et l'hégémonie de la forme-livre paraît mise en cause, selon un processus sans doute assez lent, et non substitutif. Or la numérisation propose une forme d'inscription homogène à l'écrit, à l'image et au son; les relations entre ces différentes familles documentaires s'en trouveront changées.

Le second aspect de cette mutation concerne les réseaux : la relation entre le lecteur et son document commence à se jouer sur un espace abstrait, la localisation physique du document cessant d'être une contrainte à sa disponibilité. Cette évolution se fait lentement, et inégalement selon les secteurs du savoir. Mais elle oblige à penser autrement la question du lieu de l'encyclopédie : ce n'est plus un objet physiquement rassemblé, livre ou collection d'imprimés, c'est un objet dispersé, néanmoins lié, et de ce fait consultable.

Le dernier aspect touche précisément à la question des liens : l'encyclopédisme moderne a traité le savoir sous sa forme modulaire, fractionné en petites unités, induisant une lecture non linéaire; le catalogue de bibliothèque procède de même, en prenant les références des ouvrages comme unités de base; dans les «sommes» ainsi constituées, les «entrées» se trouvent multipliées. Mais cet émiettement est compensé par le jeu des «renvois», qui articule l'ensemble : on peut entrer n'importe où, et de là, on peut naviguer partout. L'émergence de l'hypertexte, le développement de l'indexation des documents eux-mêmes démultiplient dans des proportions considérables ces outils de navigation. Désormais, des masses énormes de données numérisées, accessibles à distance, forment une vaste structure réticulaire au sein de laquelle la circulation paraît libre : est-ce une nouvelle encyclopédie?

[...]

La science des catalogues et la confection des encyclopédies ont été les parades, relativement efficaces jusqu'ici, à l'inflation du lisible. Devant une accumulation qui risquait de devenir une «boîte noire», il s'agissait d'établir des entrées, puis de rendre la circulation possible par des renvois. Le catalogue opère *a posteriori* sur une collection donnée d'ouvrages; dans l'encyclopédie, geste éditorial volontaire, l'établissement des entrées et des renvois est constitutif de la mise à disposition de la connaissance, il préside à son écriture. D'où l'affinité qu'entretient le projet encyclopédique avec la vulgarisation et l'instruction.

[...]

Cet objet, dit-on, ressemblera à une bibliothèque, universelle et sans murs. Il est vrai que de vastes programmes de numérisation, ajoutés au flux continu de l'«édition en ligne», conjugués au développement des «autoroutes de l'information», vont relancer les rêves bibliothécaires d'une disponibilité généralisée. Pour autant, et une fois

encore, l'excès même d'information appelle en retour de nouvelles procédures de sélection, de hiérarchisation, où les métiers de l'édition et de la bibliothèque trouveront à s'exercer, en amont et en aval, pour tracer des frontières entre ce qui mérite d'être retenu et ce qui peut couler vers l'oubli.

Reste à considérer cette dimension fascinante du travail «en ligne», son caractère collectif, c'est-à-dire un niveau d'échange et d'interaction qui atteint une échelle inédite. Est-ce une sorte de colloque continu, qui renouvelle la République des sciences, en produisant un texte à la fois immense et instable?

Nous verrons.

Roland Schaer,
*Tous les savoirs du monde.*
*Encyclopédies et bibliothèques.*
*De Sumer au XXIᵉ siècle.*
BNF/Flammarion, Paris, 1996

*La construction de cette bibliothèque, «universelle et sans murs» devrait être très rapide. En 2004, l'annonce du projet de Google de numériser quinze millions de livres en six ans a été ressentie en Europe comme un défi. Le président de la Bibliothèque nationale de France, Jean-Noël Jeanneney, a proposé avec succès la création d'une bibliothèque numérique européenne qui ne saurait se résumer à une simple accumulation.*

Certes, on en a rabattu sur les rêves démesurés exprimés par certains, à l'origine, au temps où François Mitterrand, président de la République, annonça le 14 juillet 1988 le projet d'une «Très Grande Bibliothèque», qui fût «d'un genre entièrement nouveau» : le bâtiment majestueux qui jouxte la Seine en amont de Notre-Dame offre d'abord ses treize millions d'ouvrages aux lecteurs attachés aux ouvrages en papier. Mais ce sont tout de même, à l'heure où j'écris, 80 000 livres des collections de la BnF (à côté de 70 000 images et plusieurs dizaines d'heures de ressources sonores) que chacun, partout sur la planète, peut lire sur son écran et imprimer grâce à notre bibliothèque «virtuelle» nommée «Gallica», qui est en expansion permanente et offre un vaste éventail de curiosités.

Conçue comme une collection patrimoniale et encyclopédique, «Gallica» offre des monographies et des périodiques, des textes d'auteurs classiques ou moins notoires, depuis l'Antiquité jusqu'au XXe siècle, des dictionnaires, des outils bibliographiques et critiques, des publications de sociétés savantes et aussi des ensembles thématiques multimédias concernant, par exemple, le thème des voyages en France, en Italie et en Afrique – sans compter, j'y reviendrai, une collection de documents éclairant la présence française en Amérique du Nord depuis Christophe Colomb jusqu'au XIXe siècle, collection établie en complicité avec la Bibliothèque du Congrès.

Les autres pays ont préféré, pour l'instant, concentrer leurs efforts sur d'autres types de documents. Mais cela est déjà précieux, Vous souhaitez lire *Hamlet* de Shakespeare dans la première édition *in-quarto* de 1603 : il n'est que de vous porter sur le site de la British Library et de cliquer sur la rubrique *«Treasures in full»*. Vous voulez consulter un journal finnois pour telle date de 1805 : rendez-vous sur le site de la Bibliothèque de l'université d'Helsinki et le numéro choisi s'affichera sur votre écran. Si vous avez

le goût de consulter les notices descriptives des *Monuments de l'Egypte et de la Nubie*, portez la flèche de votre souris sur le site de la Maison de l'Orient et de la Méditerranée... […]

### Le livre survivra

L'allégresse devant tant de bonheurs interdits à nos pères est d'autant plus légitime qu'elle ne doit pas se voiler des ombres d'un deuil, celui qu'appellerait la disparition prétendument fatale du livre dans sa forme élaborée depuis la naissance de l'imprimerie. Chaque fois qu'un nouveau média est apparu, les prophètes du malheur, les adeptes de la sinistrose, ont annoncé la faillite inéluctable des précédents. Au temps de la monarchie de Juillet, les publications élitistes ont vu apparaître avec quelque

Le président de la BnF, Jean-Noël Jeanneney.

dégoût et beaucoup d'inquiétude les quotidiens populaires à grand tirage. Dans l'entre-deux-guerres, les journaux ont été terrorisés par l'essor de la radio, au point de refuser qu'on les citât dans des revues de presse lues au micro. Au cours des années 1950, le développement de la télévision a fait prévoir à beaucoup la déconfiture de la radio – sauvée presque immédiatement par l'invention du poste à transistor. J'ai encore dans l'oreille l'effroi de ceux qui m'annonçaient, vers 1984 ou 1985, quand je présidais Radio France, que la nouvelle télévision du matin était vouée à tuer nos émissions matinales, à l'heure de notre plus grande écoute : on sait ce qu'il en fut. Et ainsi de suite…

En chacune de ces occasions, les oiseaux de mauvais augure ont été aveugles à la diversité des pratiques sociales et des comportements culturels, à l'entrelacs compliqué des attitudes, à la réaction pourtant prévisible du public qui est enclin à revenir, par le détour du nouveau canal de leur information, vers des supports plus classiques qu'il aurait peut-être ignorés sans cette incitation inédite. Je gage que beaucoup d'internautes seront semblablement ramenés vers la culture livresque la plus classique. [...]

## Le vrac, danger absolu

L'ennemi est clair, dans ces conditions : c'est le vrac. Le progrès de la civilisation peut être analysé – entre autres – comme la réduction des forces du hasard au profit d'une réflexion qui sache s'enrichir d'une connaissance organisée. Certes, nous savons les plaisirs que peuvent procurer les mystérieuses rencontres qu'un livre feuilleté, une émission trouvée en «zappant» et désormais une errance sur la Toile offrent à l'improviste. On peut s'y enrichir au petit bonheur la chance. Mais ces menus bonheurs-là n'ont leur prix que s'ils tombent sur un terreau fertile, celui d'une pensée construite, que s'ils passent dans l'étamine d'une raison sage, d'une culture bien constituée. Sinon, puisque l'on est impuissant à situer chaque donnée, ce n'est qu'anarchie pour l'analyse et chausse-trapes pour l'action.

Je parlais en commençant de l'espoir que la Toile puisse diminuer, à hauteur planétaire, les inégalités devant le savoir. Or voici une évidence : le vrac, s'il domine, les accroîtra au contraire.

Comme la langue d'Esope, comme tous les médias, Internet est formidablement ambivalent, et notamment à cet égard.

Un bref retour à l'invention de Gutenberg est éclairant. L'imprimerie n'a pas seulement diffusé puissamment les connaissances, elle a aussi apporté l'invention de la table des matières et des index des noms de personnes, des lieux et des thèmes passant dans les pages : progrès capital par rapport à l'offre des manuscrits antérieurs.

A présent, il faut affronter un défi d'une autre dimension, et c'est au cœur de cette masse écrasante de données qu'il faut savoir selon quelles fidélités, quelles prétentions, quels schémas sera construite l'inévitable sélection qu'on ne voudra plus abandonner au hasard. L'accessibilité à tout sans fil d'Ariane pour guider la curiosité crée la probabilité de s'y perdre. Le fantasme de l'exhaustivité se dissout dans la nécessité des choix. La sélection sera donc, dans l'avenir, dans l'âge de l'information de masse, au cœur de la fécondité de toute culture.

Qu'on songe à la manière dont un chercheur, un lecteur peut utiliser une bibliothèque «réelle» dans laquelle il lui est loisible de circuler. Le principe organisateur de celle-ci se lit dans le plan de rangement des livres sur les étagères, qui conditionne fortement les trouvailles qu'il peut y faire.

Son imagination n'en est pas entravée, mais stimulée au contraire. Son projet, ses interrogations, ses hypothèses se trouvent confrontés, dans un dialogue fécond, avec des ensembles constitués antérieurement par d'autres, selon des principes réfléchis et longuement mûris. Ceux-ci, certes, comportent toujours quelque chose d'arbitraire, leur élaboration est forcément datée, leur justification est provisoire, dans l'interminable mouvement de la connaissance, mais ils sont l'objet d'une réflexion attentive, et surtout ils sont explicites et légitimés.

Or, tel est exactement le système qu'il s'agit de transposer dans le cas d'une bibliothèque virtuelle, quelle qu'elle soit. A la simple liste classée de manière si sommaire et selon des critères de classement obscurs, il faut substituer une palette de modes de classement des réponses et de mode de présentation des résultats afin de permettre une grande variété d'usages différents. [...]

Quels seront, concrètement, les critères fondant le choix des numérisations? Nous pensons, pour notre part, qu'en ce qui concerne le vaste héritage des œuvres tombées dans le domaine public [...], il faut privilégier les grands textes fondateurs de notre civilisation, d'un pays à l'autre, les encyclopédies, les revues des sociétés savantes, les écrits majeurs qui ont contribué à l'essor de la démocratie, du droit des gens et de l'unification récente du continent, au développement des connaissances littéraires, scientifiques, juridiques et économiques, ainsi qu'au mouvement de la création artistique; sans compter, je l'ai déjà dit, les ouvrages dont les nombreuses traductions attestent l'influence continentale. Les mêmes lignes peuvent se prolonger pour la période récente, mais selon des règles probablement plus souples.

Les bibliothèques nationales ont ici une responsabilité centrale, bien sûr, mais elles doivent s'appuyer (nous y serons attentifs, en France) sur l'expérience de toutes les autres, par l'intermédiaire de leurs diverses associations, tout comme sur les centres d'archives et toutes les institutions à vocation patrimoniale.

Jean-Noël Jeanneney,
*Quand Google défie l'Europe.*
Mille et une nuits, 2006

**D**éambulatoire du haut-de-jardin BnF, site François Mitterrand.

# MISSIONS, STRUCTURES ET ORGANISATION DE LA BIBLIOTHÈQUE NATIONALE DE FRANCE

## MISSIONS

La Bibliothèque nationale de France est régie par le décret du 3 janvier 1994. Elle est chargée de quatre missions essentielles :

– La collecte : constituer et enrichir «dans tous les champs de la connaissance le patrimoine national dont elle a la garde, en particulier le patrimoine de langue française ou relatif à la civilisation française». Cette mission s'appuie notamment sur le dépôt légal.

– Le traitement : décrire les documents dans leur forme, leur contenu, parfois leur histoire.

– La conservation : restaurer, reproduire, sauvegarder les documents.

– La communication : «assurer l'accès du plus grand nombre aux collections». A ce titre, elle conduit des programmes de recherche, coopère avec d'autres bibliothèques, permet la consultation à distance, met en valeur ses collections par des publications et des expositions.

## STRUCTURES

La Bibliothèque nationale de France est dirigée par un président assisté d'un directeur général, et par un conseil d'administration qui délibère sur les grandes orientations et vote le budget. Les départements et services de la Bibliothèque nationale de France sont regroupés dans huit directions et délégations comportant, outre les directions administratives, techniques et culturelles, deux directions à caractère bibliothéconomique et scientifique :

– La direction des services et des réseaux, chargée notamment de la conservation, de la reproduction, de l'informatique, du dépôt légal, de la coordination bibliographique et de la politique de coopération (échanges, pôles associés, etc). Lui sont rattachés les centres de conservation de Bussy-Saint-Georges et Sablé-sur-Sarthe.

– La direction des collections, organisée en départements de communication et de conservation.

## LES DÉPARTEMENTS DE COLLECTIONS

### SUR LE SITE DE L'ARSENAL

Bibliothèque rattachée en 1934 et installée dans le IVe arrondissement.
– 1 000 000 d'imprimés,
– 15 000 manuscrits,
– 100 000 estampes,
– 300 œuvres musicales,

### SUR LE SITE RICHELIEU

#### ARTS DU SPECTACLE
– 3 000 000 documents sur le théâtre et les spectacles (cinéma, cirque, music-hall, radiodiffusion, télévision), nombreuses maquettes de décors, costumes.

#### CARTES ET PLANS
– 710 000 cartes en feuilles,
– 10 000 atlas,
– 154 globes,
– collections de la Société de géographie (archives, manuscrits, photos) en dépôt.

#### ESTAMPES ET PHOTOGRAPHIE
– 15 000 000 de pièces, dont:
  6 000 000 d'estampes,
  100 000 dessins,
  1 000 000 d'affiches,
  et 5 000 000 de photographies.

#### MANUSCRITS
– Manuscrits occidentaux :
120 000 volumes, dont 10 000 manuscrits enluminés.
– Manuscrits orientaux : 45 000 volumes, 60 000 xylographies, 100 000 imprimés.

#### MONNAIES ET MÉDAILLES
– 500 000 monnaies et médailles,
– 35 000 antiques et objets non métalliques.

#### MUSIQUE
– 1 500 000 documents (y compris les collections de la bibliothèque-musée de l'Opéra).

#### SUR LE SITE FRANÇOIS-MITTERRAND

Les collections patrimoniales de livres imprimés comptent 10 millions de volumes et sont consultables en rez-de-jardin par les chercheurs. Les collections en libre accès (650 000 documents) sont réparties dans les deux niveaux entre les différents départements.

### PHILOSOPHIE, HISTOIRE, SCIENCES DE L'HOMME
– En haut-de-jardin : 65 000 volumes et 297 places de lecture.
– En rez-de-jardin : 75 000 volumes et 451 places de lecture.

### DROIT, ÉCONOMIE, POLITIQUE
– En haut-de-jardin : 60 000 volumes et 360 places.
– En rez-de-jardin : 47 000 volumes et 265 places.

### SCIENCES ET TECHNIQUES
– En haut-de-jardin : 50 000 volumes et 230 places.
– En rez-de-jardin : 65 000 volumes et 182 places.

### LITTÉRATURE ET ART
– En haut-de-jardin : 120 000 volumes et 607 places.
– En rez-de-jardin : 91 000 volumes et 382 places.

### RÉSERVE DES LIVRES RARES
200 000 volumes choisis parmi les plus précieux : incunables, éditions majeures du XVIe au XXe siècle, reliures précieuses, provenances illustres.

### AUDIOVISUEL
– 1 000 000 de documents sonores,
– 125 000 vidéogrammes,
– 80 000 documents multimedia,
– collection Charles Cros.
– en haut-de-jardin : 145 places.
– en rez-de-jardin : 238 places

S'y ajoute le département de la Recherche bibliographique, installé sur les sites Richelieu et François-Mitterrand.

## LES SITES DE LA BIBLIOTHÈQUE NATIONALE DE FRANCE

– FRANÇOIS-MITTERRAND :
 quai François-Mauriac, 75013 Paris

– RICHELIEU :
 58, rue de Richelieu, 75002 Paris
– BIBLIOTHEQUE-MUSÉE DE L'OPERA :
 place de l'Opéra, 75009 Paris
– BIBLIOTHEQUE DE L'ARSENAL :
 1, rue de Sully, 75004 Paris
– CENTRE JOEL-LE-THEULE :
 le Château, 72300 Sablé-sur-Sarthe
– CENTRE TECHNIQUE DE BUSSY-SAINT-GEORGES :
 14, rue de Gutenberg, 77607 Bussy-Saint-Georges

## COMMENT CONSULTER LES DOCUMENTS DE LA BIBLIOTHEQUE NATIONALE DE FRANCE

### Sur place

Les salles de lecture de la Bibliothèque d'étude, sur le site François-Mitterrand, sont librement accessibles à partir de 16 ans, sur présentation d'un titre d'accès en vente sur place.

L'accès aux salles de lecture de la bibliothèque de recherche (sites François-Mitterrand, Richelieu, Arsenal et Opéra) est subordonné à la présentation d'un titre d'accès délivré par le Service d'orientation des lecteurs. Il convient de justifier d'une recherche d'ordre universitaire, professionnel, ou personnel, nécessitant le recours aux collections conservées dans ces départements. La consultation des collections patrimoniales doit répondre à des recherches de longue durée ou au besoin plus ponctuel d'obtenir, en dernier recours, des documents conservés à la Bibliothèque nationale de France et introuvables dans d'autres bibliothèques.

### A distance

On trouvera sur le site web (bnf.fr) l'accès à la base Gallica : 80 000 ouvrages numérisés libres de droit. Ce site donne également l'accès libre aux catalogues et aux expositions virtuelles. On y trouve toutes les informations concernant l'actualité culturelle de la bibliothèque et ses publications, ainsi que tous les renseignements pratiques à l'usage du public, en particulier lecteurs et professionnels : réservation de places, commandes de reproduction, modalités du dépôt légal, etc.

# BIBLIOGRAPHIE

### Histoire de l'établissement

– 1878, Morteuil (Théodore), *La Bibliothèque nationale, son origine et ses accroissements jusqu'à nos jours*, Paris, Champion.
– 1894, Vallée (Léon), *La Bibliothèque nationale. Choix de documents pour servir à l'histoire de l'établissement et de ses collections*, Paris.
– 1960, Cain (Julien), *Les Transformations de la Bibliothèque nationale de 1936 à 1959*, Paris, Editions de la Déesse.
– 1970, Kleindienst (Thérèse), *La Bibliothèque nationale. Histoire, organisation, fonctions*, cours à l'Ecole nationale supérieure des bibliothèques.
– 1978, Foucaud (Jean-François), *La Bibliothèque royale sous la monarchie de Juillet*, Paris, BN.
– 1985, *Etudes de la Bibliothèque nationale et témoignages réunis. Hommage à Thérèse Kleindienst*, Paris.
– 1986, Dupuigrenet-Desroussilles (François), *Trésors de la Bibliothèque nationale*, Paris, Nathan.
– 1988, Balayé (Simone), *La Bibliothèque nationale des origines à 1800*, Genève, Droz.
– 1988-1992, *Histoire des Bibliothèques françaises*, 4 volumes sous la direction d'André Vernet, Claude Jolly, Dominique Varry, Martine Poulain, Promodis-Cercle de la Librairie, Paris.
– 1989, Blasselle (Bruno), *La Bibliothèque nationale*, Paris, PUF, coll. «Que sais-je?», n° 2496 (2e éd. 1993).
– 1992, Pastoureau (Mireille), *Bibliothèque nationale, Paris*, Paris, Musées et monuments de France, BN, Albin Michel.
– 1992, Gattegno (Jean), *La Bibliothèque de France à mi-parcours. De la TGB à la BN bis?* Paris, Cercle de la Librairie.
– 1996, *Trésors de la Bibliothèque nationale de France. Tome 1, Mémoires et merveilles VIIIe-XVIIIe siècle*, sous la direction de Marie-Hélène Tesnière, Paris, BnF.
– 2000, *Trésors de la Bibliothèque nationale de France. Tome 2, Aventures et créations XIXe-XXe siècle*, sous la direction d'Antoine Coron et Marie-Odile Germain, Paris, BnF.
– 2001, *La Bibliothèque nationale de France, collections, services, publics*, sous la direction de Daniel Renoult et Jacqueline Melet-Sanson, Paris, Cercle de la Librairie.
– 2002, Stasse (François), *La véritable histoire de la grande bibliothèque*, Paris, Editions du Seuil.
– 2006 (2e éd.), Jeanneney (Jean-Noël), *Quand Google défie l'Europe, Plaidoyer pour un sursaut*, Paris, Mille et une nuits.

Consulter aussi la *Revue de la Bibliothèque nationale de France*.

### Histoire des départements

– 1868, Delisle (Léopold), *Le Cabinet des Manuscrits. Etude sur la formation de ce dépôt*, Paris.
– 1926, Guibert (Joseph), *Le Cabinet des Estampes de la Bibliothèque nationale, histoire des collections*, Paris, Le Garrec.
– 1936, Ledos (Emile G.), *Histoire des catalogues des livres imprimés de la Bibliothèque nationale*, Paris, Editions des bibliothèques nationales.
– 1994, Sarmant (Thierry), *Le Cabinet des médailles de la Bibliothèque nationale 1661-1848*, Paris, Ecole des Chartes.
– 1996, *Mélanges autour de l'histoire des livres imprimés des périodiques*, sous la direction de Bruno Blasselle et Laurent Portes, Paris, BnF.

### Expositions

– 1968, *La librairie de Charles V*.
– 1972, *Le Livre*.
– 1979, *A la découverte de la Terre, dix siècles de cartographie. Trésors du département des Cartes et Plans*.
– 1980, *Trésors de la bibliothèque de l'Arsenal*.
– 1988, *De fil en aiguille, Charles Cros et les autres*.
– 1989, *1789, Le Patrimoine libéré, deux cents trésors entrés à la Bibliothèque nationale de 1789 à 1799*.
– 1989, *Trésors, cent trésors de la Bibliothèque nationale*.
– 1990, *En français dans le texte, dix siècles de lumières par le livre*.
– 1992, *Des Livres et des rois. La Bibliothèque royale de Blois*.
– 1993, *Quand la peinture était dans les livres. Les manuscrits enluminés, 1440-1520*.
– 1995, *Creating French Culture, Treasures from the Bibliothèque nationale de France, à Washington*, Library of Congress.
– 1996, *Tous les savoirs du monde, Encyclopédies et bibliothèques, de Sumer au XXIe siècle*.

**41** Plan de l'abbaye de Saint-Germain-des-Prés, gravure de Lucas, 1724. BnF, Estampes, Va 269 a.

**42h** Tête de cerf blessé, dessin de Dürer. BnF, Estampes, B 13 Rés.

**42b** *Les Trois Croix*, gravure de Rembrandt. BnF, Estampes, Cb 13d Rés.

**43** Cartes à jouer révolutionnaires. BnF, Estampes, Kh 34 Rés. I.

**44** L'Enfant Jésus au papagay, gravure, xv<sup>e</sup> s. BnF, Estampes.

**45** Portrait de Louis XV par Le Blon, première gravure en couleurs. BnF, Estampes.

**46-47** De haut en bas et de gauche à droite : le dieu fleuve, pièce grecque ; monnaie gauloise ; monnaie à l'effigie de Constantin VII ; médaille à l'effigie de Louis XI ; Persée, fragment d'un verre camée ; camée représentant Henri IV ; pièce à l'effigie de Jules César. BnF, Médailles.

**48** *Atlas* de F. de Witt, vers 1680. BnF, Cartes et Plans, Ge DD 1175.

**49h** Anne de Bretagne en prière, dans les *Heures d'Anne de Bretagne*. BnF, Manuscrits, Latin 9474.

**49b** Carte de Cassini aux armes de Marie-Antoinette. BnF, Imprimés, Rés. L¹⁴ 11.

**50** Buste de Van Praet. BnF, Imprimés.

**50-51h** «Dispositions [...] pour garantir la Bibliothèque nationale contre les dangers du feu», gravure de Bellanger. BnF, Estampes, Ve 53c fol, tome 11.

**52h** Epistolier de Cologne. BnF, Manuscrits, Latin 9454.

**52-53b** *Entrée de l'armée française commandée par Championnet à Naples le 21 janvier 1799*, peinture de Jean Taurel. Musée de Versailles.

**53h** Stendhal, dessin au crayon, collection Pellat. BnF, Estampes N2 Beyle.

**54h** Evangéliaire d'Afflighem. BnF, Arsenal, Ms 1184 Rés.

**54b** Cachet à motif d'aigle de la Bibliothèque impériale.

**55** *Extrait du règlement de la Bibliothèque impériale*, 1811. BnF, Imprimés.

CHAPITRE III

**56** Salle de lecture de la Bibliothèque impériale, gravure d'après un dessin du *Tableau de Paris*. BnF Estampes, Va 237.

**57** Gravure extraite du *Nouveau Paris* de La Bédollière, par Gustave Doré, 1860. BnF, Imprimés, 4° LK 7 6454.

**58** Projet de Benjamin Delessert pour une bibliothèque circulaire. BnF, Imprimés, Z 5045 (1-24).

**59h** Projet de Benjamin Delessert. BnF, Imprimés, Z 5045 (1-24).

**59b** Prosper Mérimée. BnF, Estampes, Vf 46 (VI).

**60h** Gravure représentant des visiteurs au cabinet des Médailles vers 1850.

**60-61b** Public dans la bibliothèque, gravure de Gustave Doré. BnF, Estampes, Va 237.

**62** Magasiniers dans les étages du magasin des Imprimés, gravure, 1895. BnF, Estampes, Va 237.

**63** Henri Labrouste, gravure de Dien d'après un dessin de Ingres, en 1852. BnF, Estampes, N2.

**64-65** La salle Labrouste, gravure. BnF, Estampes, Va 237.

**66** «Nouvelle Galerie des gravures à la Bibliothèque impériale», galerie Mansart, 1855. BnF, Estampes, Va 237.

**67** Le Catalogue général des Imprimés.

**68** Actuelle salle des Manuscrits.

**69** Salle des Périodiques.

**70h** Le personnel (dont Dacier et Delisle) réuni sur les marches, vers 1900. BnF, Estampes, Va 237.

**71h** Le bibliothécaire de la Réserve, aquarelle offerte à Léopold Delisle. BnF Estampes Rés. Pd 112.

**71b** Julien Cain.

**72** Aquarelle de Victor Hugo avant et après restauration.

**73** Etiquetage des livres.

**74h** Mappemonde d'Oronce Finé. BnF, Cartes et Plans, Rés. Ge DD 1140 (3).

**74b** Carte de la côte de Guinée, par Carolus Allard, vers 1700. Société de Géographie.

**74b** Bartolomeo Velho, Principio de verdadeiro (représentation de corps célestes), 1568. BnF, Cartes et plans.

**75h** Portulan vénitien de la mer Égé d'Alvise Gramollin, 1624. BnF, Cartes et Plans, Ge B 550 Rés.

**75b** Sphère armillaire selon le système de Ptolémée. BnF, Cartes et plans.

**76** Affiche de Becan pour *Knock* de Jules Romains. BnF, Arts du spectacle, coll. Louis Jouvet.

**77h** Maquette de costume de Mstislav Doboujinsky pour l'automate bouffon dans *Coppélia*, ballet de Léo Delibes, 1945. BnF, Arts du spectacle.

**77bg** Maquette de décor de Christian Bérard pour *Le Corsaire* de Marcel Achard, 1938. BnF, Arts du spectacle.

**77bd** Maquette de costume de Pavel Tchelitchew pour *Ondine* de Giraudoux en 1939. BnF, Arts du spectacle.

**77hd** Maquette de costume de Léon Leyritz pour *Intermezzo* de Giraudoux, 1933. BnF, Arts du spectacle.

**128** Lectrices à la Bibliothèque, 1903. BnF, Estampes, Va 237.
**130** Arrivée des pneumatiques dans le magasin des Imprimés vers 1950.
**132-133** Lecteurs dans la salle Labrouste vers 1960.
**134** Fers à dorer pour la reliure. BnF.
**135** «Cours de Raoul Rochette, ouvert le 19 décembre [1843] à la Bibliothèque royale». BnF, Estampes, Va 237.
**136** Le département des Médailles, carte postale, 1904. BnF, Estampes, Va 237.
**139** La Réserve des Imprimés. BnF, Estampes, Va 237.
**141** Un grenier d'antiques au cabinet des Médailles, photographie de Laure Albin-Guillot. BnF, Estampes, Va 237.
**142** Enregistrement de l'ordonnance de Montpellier dans les registres du Parlement de Paris. Archives nationales.
**145** «Bureau des entrées à la Bibliothèque nationale», gravure de Poyet extraite du *Voyage d'un livre à travers la Bibliothèque* de Henri Béraldi, 1893. BnF, Imprimés, 4º Q 575.
**148** Manuscrit de *Télémaque* de Fénelon. BnF, Manuscrits, Français 14944.
**151** Médailliers de Condé. BnF, Médailles.
**153** Pièce d'échecs dite de Charlemagne, XIe s. BnF, Médailles, Ivoire nº 316.
**154** Gardien sur les galeries de la salle Labrouste. BnF, Estampes, Va 237.
**156** Livres reliés.
**159** «Bibliothèque du Roi transportée à la Banque», 1721. BnF, Estampes, Va 237.
**160** Cachets encreurs pour l'étiquetage. BnF.
**163** Jean-Noël Jeanneney, président de la BnF.
**165** Déambulatoire. BnF-D. Perrault Architecte.

## INDEX

## CRÉDITS PHOTOGRAPHIQUES

AFP/Michel Lipchitz/STF 100. Dominique Perrault Architecte/photo G. Fessy couverture, 1er plat. Archipress/Couturier, Paris 94. Archives nationales/Jean Vigne 142. Bibliothèque nationale de France, Paris dos, 12, 13, 15h, 15b, 16, 17h, 17b, 18h, 18b, 19h, 19b, 20h, 20b, 21h, 21b, 22, 23h, 23b, 24b, 26h, 26b, 27b, 28b, 29h, 29b, 30-31, 31, 32h, 33, 34-35, 36, 37, 38h, 38b, 39, 40h, 40b, 41, 42h, 42b, 43, 44, 45, 46-47, 48, 49h, 49b, 50-51h, 52h, 53h, 54h, 56, 57, 58, 59h, 59b, 60-61b, 62, 63, 64-65, 66, 70h, 71h, 72, 73, 74b, 75, 75b, 76-77, 78, 79h, 79b, 80b, 84-85, 92h, 92b, 93, 94, 95, 109, 114, 115, 117, 120, 121, 123, 124, 125, 126-127, 128, 134, 135, 136, 139, 141, 145, 148, 151, 153, 154. J. C. Ballot/BnF 2-3, 4-5. David Paul Carr/BnF 2e plat, 106, 108. V. Godeau/BnF 69, 86. Alain Goustard/BnF 6-7, 87, 100-101, 104, 105, 110-111, 165. Pascal Lafay/BnF 10, 106-107, 107, 111h, 163. Marie-Paule Nègre/Metis/BnF 8. Pascal Tourneboeuf/Tendance floue/BnF 9. Martine Voyeux/Metis/BnF 109b. Bibliothèque publique d'information/Colin 89b. Bidermanas 97b. Bulletin de la Bibliothèque nationale 83b. Cahiers du Cinéma, Paris 113. Colin St John Wilson & Partners 99. DR 76, 77h, 77hd, 77bd, 90, 107, 110. Dumage/Studio Littré 96b, 96/97, 97h, 97b, 98. Gisèle Freund/Agence Nina Beskow 1, 81, 82. Gallimard/P. Pitrou 11, 25h, 27hg, 27hm, 27hd, 28h, 32b, 50, 54b, 55, 60h, 67, 80h, 83h, 112. Gallimard Géo Magazine/J.-F. Lecompte 102-103. Giraudon, Paris 14, 24h, 68, 91. Magnum/M. Franck, Paris 88. Rapho/Ciccione 132-133. Rapho/Windenberger 87. Réunion des Musées nationaux, Paris 25b, 52-53b. Roger-Viollet, Paris 71b, 130. Sipa Press, Paris 89h. Société de Géographie 74h.
© ADAGP, 2006, 1er plat, 5, 6-7, 8, 9, 77bg, 87, 98, 100-101, 102-103, 104, 105, 108, 110-111, 165.

## REMERCIEMENTS

Les auteurs et les éditions Gallimard remercient Jean-Noël Jeanneney, Jean Favier, Philippe Bélaval, Laurence Camous, Marie-José Deschamps, Elizabeth Giuliani, Françoise Jestaz, Gaëlle Lauriot-Prévost, Josiane Limousin, Gilbert Marion (*Géo Magazine*), Sophie Noiret, Dominique Perrault, Hélène Richard, Marie-Odile Roy, Agnès Saal, Roland Schaer, Sylvie Soulignac, Colette Timsit et Loïc Floch (BPI).

## ÉDITION ET FABRICATION

**DÉCOUVERTES GALLIMARD**
COLLECTION CONÇUE PAR Pierre Marchand. DIRECTION Elisabeth de Farcy.
COORDINATION ÉDITORIALE Anne Lemaire. GRAPHISME Alain Gouessant.
COORDINATION ICONOGRAPHIQUE Isabelle de Latour.
SUIVI DE PRODUCTION Fabienne Brifault.
SUIVI DE PARTENARIAT Madeleine Giai-Levra.
RESPONSABLE COMMUNICATION ET PRESSE Valérie Tolstoï.
PRESSE David Ducreux et Alain Deroudilhe.

**LA BIBLIOTHÈQUE NATIONALE DE FRANCE, MÉMOIRE DE L'AVENIR**
ÉDITION Michèle Decré. MAQUETTE Catherine Le Troquier et Jacques Le Scanff.
LECTURE-CORRECTION Jocelyne Marziou.

# Table des matières